跨越邊界

現代中文文學研究論叢

張堂錡 著

現代文學研究叢刊

文史哲出版社印行

自 序

　　收在本書中的文章，除了一篇在淡江大學有關現代文學教材編寫的引言是發表於 1998 年之外，大部分都完成於 1999 至 2002年間，也就是我取得博士學位並應聘到政大中文系任教這三年左右的時間。三年說短並不短，如今檢視，卻只得書中這十餘篇作品，想來有些慚愧。在未專任教職之前，我曾在多所學校兼課，最多時每週得跑六所大學，但那時上完課就回家，雖然累卻覺得還有不少時間從事寫作與研究。在不同學校奔波的路上，我常心中暗暗發誓，只要拿到學位，找一間大學專任，我就絕不再兼課了，屆時只要教教書，不必東奔西跑，相信一定可以有充裕的時間來從事研究。後來，畢業與求職都幸運地如願以償，但那路上奔波時所勾勒的「美好藍圖」卻似乎一直是在眼前晃盪的紅蘿蔔，覺得近得可以吃到，可三年來還是只能遙望而無法嚐到那美好的滋味。

不知道瑣事、雜事及重要的事竟會那麼多，而且多半是難以推卻的人情與責無旁貸的應盡義務。其中一年我身兼「兩」個社團指導老師（《系訊》及文學社）、「三」個導師（本系、實習學生、中學教師第二專長班）、「四」個委員會委員，同時教「五」門不同課程，如此一來，我不免自嘲，只剩下「一」個疲累不堪的身軀。這還不算閱卷、審查、批改作文、開會、演講、指導論文、參加學術會議等不定時但一定過量的種種事務活動。我當然已將所有校外兼課都辭卸了，藝文活動也都儘可能婉謝出席，連朋友間的應酬也都減到最低了，但分身乏術之感還是經常如影隨形。不過，真正讓自己覺得沉重壓力的是研究及寫作，而非以上那些「庶務」。一個真心做研究的人，其研究成果不如己意，「忙」大概是最沒有說服力的藉口，唬得了別人，騙不了自己。因此，面對這本薄薄的論文集，我只能說是努力不夠，而非時間不夠。大陸某位學者曾說過一句「金玉良言」：「學術研究靠長命，不靠拼命。」我偶爾以此「自勉」，但總覺得「自欺」的成分居多，因為長不長命未可知，但不夠拼命則是事實。

幸運的是，教書、研究、寫作一直是我的最愛。幾年下來，課堂上的發揮已能得心應手，一些雜務工作也漸知應對進退，從住了十年的蘆洲搬到學校附近，省去不少舟車勞頓，每天在研究室讀書研究的生活簡直是一種享受。三年多來，門口的楓樹紅了又綠，尖頂已達四層樓高，我在三樓研究室，平視或仰望，都覺入眼盡是新意。楓樹旁還有木棉，木棉一側多株桂花，不時飄來暗香。說真的，對這樣的環境只能用「夫復何求」來形容。加上同事間相處和諧愉快，資源運用豐富，學校周邊青山綠水的自然清幽，中文系百年樓的詩意寧靜，知足與感恩的喜悅經常在深夜

讀書時油然而生。這使我對研究工作也一直有種「只得拼命向前」的期許。因此，這些年來，我還是拼命利用時間，陸續完成《現代小說概論》、《中國現代文學概論》、《編輯學實用教程》等書的寫作，雖然離心中理想仍遠，但畢竟說明了我所付出的心血代價，例如疏遠朋友，犧牲玩樂，以及漸增的白髮。不曾有過一絲後悔，反倒有種難與人言的自得其樂。從這個角度來說，也許那紅蘿蔔的滋味我正嚐著亦未可知呢！

　　書中篇什，仍沿續個人多年來一貫關心的學術議題，包括近代文學、現代小說、散文、客家文學、報導文學以及澳門文學。這些研究領域──尤其是「現代文學三十年」部分──在未來的歲月中，我會一直投入、耕耘，直到做出一些成績為止。其實，單篇文章結集成書的經驗並不陌生，如《從黃遵憲到白馬湖──近現代文學散論》（1996）記錄了我在中國近現代文學研究思索的軌跡；《文學靈魂的閱讀》（1998）在現代文學之外，客家文學的研究開始起步。而本書是最完整呈現我學思歷程的微型縮影，雖然有些課題只是點到為止。其中四篇是參加國內外學術會議的論文或引言；〈邊緣發聲〉一文是為《文訊》雜誌策劃澳門文學專題所寫的導論；〈聽見花開的聲音〉是受邀擔任澳門文學獎評判的觀察報告；關於現代／台灣文學教學現象的思索都是應邀而作，有現況檢討，也提出一些建議。至於書名定為《跨越邊界》，主要是書中所論觸及了現代文學、客家文學、報導文學及澳門文學等不同領域，特別是同以現代中文書寫的澳門文學，國內研究者屈指可數，我將它納入個人研究的學術視野，希望對另一個文學參照系的觀察能進一步豐富自己的學術趣味，跨越既有的研究思路。

此外，唐翼明教授、黃錦珠教授兩人同意將其對拙作的書評一併收入，特別表示感謝，文中的肯定與期許，自然也都化爲在學術這條路上堅持下去的動能。文史哲出版社彭正雄社長，多年來對我的教學與研究工作毫無保留的支持，常讓我感念不已。周遭師友對我的鼓勵提攜，《文訊》雜誌等編者們的刊出拙作，家人無怨悔地配合、打氣，均在此表示我深深的感激。當前社會所思所談均以「拼經濟」爲中心，而我只希望能站在一個邊緣的位置上「拼拼學術」，雖然學力有限，成果有限，但這本書的出版，是個記錄，希望也是個起點。

2002 年 5 月寫於政大中文系

跨　越　邊　界
現代中文文學研究論叢

目　次

輯　　　一

跨　越　邊　界

——現代散文的裂變與演化

一、文體：沒有邊界的邊界

　　散文與小說、詩、戲劇並列爲現代文學「四大家族」的文類定位，似乎已是現代文學創作者與研究者的「共識」，然而與小說、詩、戲劇顯赫的中心地位相對照，散文長期以來以背景身份存在的邊緣性現實，卻又是難以掩飾的。陳幸蕙在編選九歌版《七十五年散文選》時曾說：「由於散文與人世相親，與生活格外貼近的特質，因此，仍是擁有較多文學人口的一種作品形式；被讀者接受的程度，似也超過了小說與詩。」她的觀察，可以從1983年起豎立於大型連鎖書店金石堂內的暢銷書排行榜上得到印證。以 1998 年度其文學類暢銷書前二十名爲例，若不論外國譯作，則清一色都是散文作品，作者有劉墉、光禹、戴晨志、吳淡如、吳念眞（《台灣念眞情》）等（參見 1999 年 2 月號《出版情報》）。

散文作品受市場肯定的現象，事實上已是臺灣圖書市場持續有年的一個特色，張曉風就曾指出：「臺灣書市中散文作品暢銷且長銷，這與歐美圖書市場中小說經常高掛榜首的現象大異其趣，讀者決定買下來細讀而珍藏的是散文而非小說」（《中華現代文學大系散文卷·序》）。

　　但是，從現代文學研究的成果來看，卻又是另一番景況。以1988 年至 1996 年為時間跨度，相關的研究專書（含學位論文）方面，小說有一〇六部，詩三五部，散文十部，戲劇九部；單篇論文方面，小說有四三二篇，詩三八一篇，散文五一篇，戲劇十一篇（參見羅宗濤、張雙英著《臺灣當代文學研究之探討》）。很顯然，散文在讀者消費與學界研究上一直是處於失衡狀態。何以學界對散文此一甚受歡迎、作品廣眾的文類會有如此漠視的現象呢？不止一端的原因不是本文要處理的重點，筆者要探討的是其中一項根本性的因素，即文體邊界的模糊。自五四新散文誕生以來，這個根本性的癥結始終如影隨形，它對現代散文的創作、研究與發展，都有決定性的影響。散文的擴張／局限在此，衰落／新生也在此。

　　身為現代文學四大文類之一，百年來對現代散文的文體義界始終模稜含混，莫衷一是。郁達夫說它是「除小說，戲劇之外的一種文體」（《中國新文學大系散文二集·導言》）；葉聖陶也曾下定義說：「除去小說、詩歌、戲劇之外，都是散文」（〈關於散文寫作〉）。現代散文誕生初期的看法如此，到了世紀末依然沒有太大改變。舉例來說，鄭明娳在《現代散文類型論》中提到：「現代散文經常處身於一種殘留的文類。也就是，把小說、詩、戲劇等各種已具備完整要件的文類剔除之後，剩餘下來的文學作品的總

稱，便是散文」；大陸作家王安憶在〈情感的生命－我看散文〉
中，開篇即解釋說：「我說的是我們通常意義上的散文，那種最
明顯區別於小說和詩的東西。它好像沒什麼特徵，我們往往只能
用『不是什麼』來說明它是什麼。」類此否定性的定義，似乎也
就決定了散文不可改變的邊緣性地位。它「不拘一格」、「法無
定法」的文體特徵，使它的邊界完全撤除，旣可以是序跋書信，
也可以是傳記銘文；旣可以具備論文的雄辯，也可以兼納詩的成
分，小說的片斷。沒有框架的自由天性，沒有邊界的邊界特質，
使得多種文類都可能以不同的變異棲居在散文天地中。這也是大
陸學者南帆所說的：「散文的首要特徵是無特徵」（《文學的維
度》）。這是現代散文的宿命。無怪乎陳義芝在歷數一長串三〇年
代的散文作家名單之後，會感慨地說：「他們大都拿著小說家或
詩人身份證，而不標榜散文家。可見散文的藝術性格不完全鮮
明，不像詩與小說有較極端的藝術潔癖」（《散文二十家・序》）。
以台灣當代散文的研究爲例，不論是文學史論述，還是個別作家
研究，身兼詩人身份者（如楊牧、余光中等），反而較受矚目；鄭明
娳在《現代散文縱橫論》一書中，分論了九位散文作家，但其中
的木心、余光中、林燿德、羅青、林彧，更顯著的身份還是詩
人。

　　可以說，一個世紀的生成發展，現代散文的身份仍然相對模
糊，人們仍無法在文學的疆土上找到散文的固定界石，這使得現
代散文百年來的演化變異，充滿了不確定感。即使散文有源遠流
長的優異傳統，百年來也佳作紛呈，但似乎並未建立起正宗文類
的權威，這使得批評家或學者長期以來較少將注意力放在現代散
文上，在審美藝術評論上，它始終缺乏小說、新詩般的龐沛陣

勢。由於沒有形成一個嚴密系統的文類理論，而多半流於一鱗半爪，散文就不易衝破其他顯赫文類的強大聲勢，脫穎而出。這不能不說是一種局限。然而，弔詭的是，正因為它文類邊界的模糊，也同時開啟了多種可能性的空間，而使這種邊緣性文體，在現代文學分流裂變的歷史舞台上，吸引了眾多注目的焦點，甚至，有時候還能搶登文壇制高點。魯迅曾指出，五四時期「散文小品的成功，幾乎在小說戲曲和詩歌之上。」這就說明了，散文這種邊緣性文體是擁有向中心挑戰的足夠實力。當它能躋身於文學殿堂，與小說、詩、戲劇相提並論時，它看似瑣細卻巨大的動能，看似淡雅卻輝煌的光亮，確實是不能被忽視的。

二、類型：跨／次文類的滲透紛呈

散文的文類邊界模糊，來自於「散」的先天本質。「散」意味著自由、開放、多維度、多面向，不拘格式，不泥套法。它的園地無限開放，百花齊放是恆常的景觀；它容許混合雜揉，且迴避陷入單一模式；他追求混聲合唱的寬廣音域，也欣賞個人獨唱的聲色多變。因為「散」，因為邊界防線的敞開，散文巧妙扮演了「文類之母」的角色，別具特色的散文體裁只要發展成熟，就會從散文的統轄下脫離獨立，自成一個文類（如報導文學）。鄭明娳曾對「散」的特性有以下的說明：「散文之名為『散』，不是散漫，而是針對其他文類之格律而言，詩、小說、戲劇各自發展成充分必要的嚴謹條件，已走進一個有負擔和束縛的發展軌跡，而散文仍然能保持它形式的自由，也因此，散文的伸縮非常大」。大陸作家憶明珠在〈破罐－我的散文觀〉中，將散文比喻成「破罐」，因為「破罐可以容納各種雜物而無所顧忌」，指涉

的仍是散文此一文類在形式、內涵上揮灑自如的本質，以及具備各種裂變基因的無限可能性。

　　散文，就在這種文體的幅射開放、多元交融之下，成了可以任意進出的文學場域，人人都可以在此大顯身手，詩人、小說家、理論家可以輕易跨越自己的邊界踅到散文之中。詩人余光中右手寫詩，左手寫散文，稱散文是「左手的繆思」；大陸詩人周濤則對散文的開放性有一形象的比喻：「在文學這個公寓裏，各種文學的形式都有各自的居室，被牆隔開；只有散文沒有自己的居室，它是客廳。誰都可以到客廳裏來坐坐，聊聊天，包括文學以外的人，但是客廳不屬於誰，客廳是大家的，它的客人最多，主人最少。」（〈散文的前景：萬類霜天競自由〉）。換句話說，在散文的王國裏，不需身份證，有定居的自由，也有遷徙的方便，不同的句法、詞彙、語境、表述方式等，都可以在散文的地域內交流、重組，而嶄新的文類也可以借助散文來加熱升火，另起爐灶。正因為各種領域的人（文學／非文學）都可以進入文學樓房的「客廳」，以各種話語方式交談各種話題，遂使得現代散文在跨文類／次文類上產生了比詩與小說駁雜歧異的現象。舉例來說，楊牧在《中國近代散文選》中，將散文歸納為小品、記述、寓言、抒情、議論、說理、雜文七類；鄭明娳在《現代散文類型論》中，將散文分成主要類型與特殊結構類型兩種，前者分情趣小品、哲理小品、雜文三類，後者包括日記、書信、序跋、遊記、傳知散文、報導文學、傳記文學七種；而楊昌年《現代散文新風貌》中，則歸納出十一種「新的風貌」：詩化散文、意識流散文、寓言體散文、揉合式散文、連綴體散文、新釀式散文、靜觀體散文、手記式散文、小說體散文、譯述散文、論評散文。分

類標準不一，歸納依據不同，理論系統未密，使他們的分類結果呈現「自圓其說」的困窘，原因仍然是出在散文的形體未定，定義難下。不過，在他們出入頗多的分類中，跨文類現象卻得到相同的重視。

散文與其他文體交融的嘗試，可以說自其誕生初期即已開始。像魯迅的《野草》、許地山的《空山靈雨》、朱自清的〈匆匆〉等，都是詩意盎然的散文，也是散文化的新詩。許地山的名篇〈讀芝蘭與茉莉因而想及我底祖母〉，擺盪於小說、散文之間，難下定論；賴和的散文處女作〈無題〉，也是「一半散文一半新詩」（葉石濤語）。類似的「變體散文」，從五四時期至今始終不絕如縷。像七〇年代余光中的〈聽聽那冷雨〉、八〇年代楊牧的《年輪》，即是令人印象深刻的名作。九〇年代以後，實驗性更強，從語言、內容到結構、題材，都與其他文類進行大幅度的融合，像林燿德的《鋼鐵蝴蝶》即具備了散文的形式、詩的思維以及小說的敘述趣味；簡媜《女兒紅》中有多篇已是散文與小說的混血體；余秋雨的散文集《文化苦旅》中的〈信客〉一篇，被收入《八十一年短篇小說選》（爾雅版）中；杜十三《新世界的零件》一書，更是詩、散文、小小說與寓言的大融合，成為一難以歸類的新文體，而被稱為「絕體散文」。跨越文類邊界的後果之一，就是如上述的文類「誤認」、「誤讀」的爭端難以避免。

除了文體之間的交互影響，散文也和非文學類的其他領域結合，如報導文學，它是散文與新聞學交融下的產物；又如傳記文學，它是散文與歷史學的結合體。必須說明的是，魯迅、朱自清、許地山、賴和等人「變體散文」的出現，是一種「不自覺的

跨越」，而余光中、楊牧、林燿德、杜十三等人，則是「自覺的跨越」，他們有意識地、主動積極地要打破文類的限制，希望能出現更繁複的風格，追求種種新的可能。簡媜的觀察正是如此：「我想，我們沒有辦法再要求涇渭分明了，創作行業詭奇之處，在於作者的筆總是帶刀帶劍，不斷劈闢新的可能。假使，把文類比喻成作品的性別，我們顯然必須接受雙性、三性的存在了」（《八十四年散文選・編後記》）。

至於「次文類」的概念，則是借用文化／次文化的觀念，強調在文類概念之下出現具獨特性格及集體發展潛力的微型文類。這是文類本身的進一步裂變與演化，與時代環境、作者自覺、文體發展有關，如都市文學、情色文學、同志文學等。它在語言、題材、書寫習慣上，勇於跨越與嘗試，八〇年代以來，這些在邊界開放的散文地域上逐漸圍籬起自己邊界的營寨堡壘，相繼出現，呼應並參與了整體文學發展的前進大勢。不過，類型本身本就帶有不周延性與不確定性，因此，要描述散文次文類的諸般存在，也自然帶有無法周延的權宜性，畢竟，文類是會互相影響，互相滲透的。以題材、形式的開發爲基點，筆者曾在《現代文學・現代散文的新趨向》（空中大學出版）中提到：環保散文、山林散文、都市散文、旅遊散文、運動散文、女性散文、佛理散文、族群散文等八種，以及「其他如正在摸索中的方言散文，將來可能出現的電腦網路散文新題材，都是九〇年代散文各自殊異的新路向」；鄭明娳在〈臺灣現代散文現象觀測〉中，則針對八〇年代末期散文界在意識型態的主題取向，歸納出山林／鄉土散文、生態環保散文、政治散文、私散文等新的面貌。這些次文類的歸納標舉，仍有助於我們把握現代散文在當代的探索軌跡。除此之

外，還有一些出現／討論過的散文次文類（名詞／內涵與上述幾類或異或似），如少兒散文、海洋散文、原住民散文、自然寫作、性別散文（男／女性）、飲食散文、音樂散文、記憶書寫等（相信未來還會出現如軍事散文、電影散文等小眾／專業但不能忽視的次文類吧？）。文類的自身繁殖、分裂、異化，是當代文學整體發展趨勢，散文在此也展現出其因邊界自由所帶來的蓬勃生機與繼續深化的豐富性。

三、作者：由博返約的身份轉換

文類的裂變與演化，作者的自覺追索與專業墾拓是加速完成的主要動力。前述各種因專業題材的書寫所形成的類型，一方面演示了散文寬廣腹地的文體事實，一方面卻巧妙地完成了散文作者由博返約的身份轉換。簡媜在《八十一年散文選‧編後記》中有一段發人深省的話：「如果允許我從歷史的角度來臆測九○年代的散文作者，我想有一天，評論者在提到散文作家時，除了藝術層面的品評，會清晰地畫分他們所屬『類型』的不同。換言之，相異於過去散文前輩們廣涉生活風貌的題材選擇法，現代散文作家有意識地尋找自己的焦點題材，並且以接近專業的學養做深層耕耘，有計畫地撰寫一系列連作，爲自己定位與塑型。」對照於當前散文書寫的走向，相信這種專業類型寫作，會在作者心理進一步跨越之後，持續在下一世紀有更成熟的表現。

過去的散文作者形象，接近於經驗豐富、知識淵博、談笑風生、親切慈藹的長者。他們幾乎是上知天文，下知地理，又深諳人間百態、社會萬象，因此，涉筆爲文，總能隨手拈來，面面觀照。學者、文人、長者三合一的身份，是讀者／作者自覺與不自覺地長期編織而成。與這種形象相襯映的，是他們書寫散文時習

慣採取「閒話」的敘述方式。「閒話」與「獨白」這兩種方式，是現代散文發展歷程中最基本的話語方式。大陸學者王堯在〈「美文」的「閒話」與「獨語」〉一文中，指出這兩種方式在現代散文史上的意義：「簡單地說，魯迅和周作人，在確立了兩種話語方式的同時，也就確立了他們在二十世紀中國散文史中的地位。『閒話』與『獨語』成為兩種最基本的話語方式，深刻地影響著當時與後來，作為一種傳統、綿延、斷裂、變異，我們可以從各種寫作狀態中發現魯迅和周作人的影響」（《中國現代文學理論季刊·第十一期》）。經過半個多世紀無數寫手的投入耕耘，散文的敘述方式仍以此為主流，而作者身份／角色的形塑，也因此而少有變異地延續至今。

　　「閒話」這種敘述方式是指散文作者在敘述時採用一種「任意而談，無所顧忌」（魯迅語）的談話語氣，彷彿在與知己好友縱意交談任心閒話。在二〇年代至四〇年代的散文史上，採用這種敘述方式的作品構成了散文創作的主體。「閒話」出自魯迅所譯、日本文論家廚川白村《出了象牙之塔》書中介紹英國隨筆的一段話：「如果是冬天，便坐在暖爐旁邊的安樂椅子上，倘在夏天，則披浴衣，啜苦茗，隨隨便便，和好友任心閒話，將這些話照樣地移在紙上的東西就是 Essay。」這段話呈現出一幅悠閒家居的畫面，充滿了澹淡鬆散的氣氛和怡然自得的心境。至於閒話些什麼呢？廚川白村說：「興之所至，也說些不至於頭痛為度的道理罷。也有冷嘲，也有警句罷，既有 Humor（滑稽），也有 Pathos（感憤），所談的題目，天上國家的大事不待言，還有市井的瑣事，書籍的批評，相識者的消息，以及自己的過去的追懷，想到什麼就縱談什麼，而托於即興之筆者，是這一類的文章。」怡

然自得的人生觀察與智慧體悟，透過「宇宙之大，蒼蠅之微，皆可取材」（林語堂語）的不拘題材，娓娓道來，充滿了感染力。這段話經魯迅譯後即被當時的散文作者和評論者一再引用（至今仍是論者描述散文特質的經典名言），「閒話」這種敘述方式便一直被散文創作者奉為典範。早期的周作人、夏丏尊、豐子愷、林語堂等人，來台後的梁實秋、吳魯芹、思果、琦君、張秀亞、陳之藩、子敏、亮軒等人的散文創作，也大都採用這種親切有味如話家常般的敘述方式。

與「閒話」方式同時存在的是「獨白」，以此方式書寫的散文，自「五四」以來也不乏先例，像二〇年代出版的魯迅《野草》、三〇年代出版的何其芳《畫夢錄》以及四〇年代先後問世的馮至《山水》、張愛玲《流言》等均是獨白式散文的傑作。雖然他們的聲音與「閒話」主調相比稍為微弱，但隨著時間的流逝，這種聲音越來越清晰。余光中的《聽聽那冷雨》、楊牧的《搜索者》、蔣勳的《島嶼獨白》、成英姝《私人放映室》、羅智成《夢的塔湖書簡》以及楊照、林燿德、簡媜等人的許多作品中，都可以輕易地看到他們迷戀「獨白」的言語姿勢。簡媜在《夢遊書》中形容自己是「住世卻無法入世，身在鬧紛紛現實世界心在獨活寂地的人」，她寫《夢遊書》是要讓讀者看到那種「多年來在四處盪秋千」，「終於回歸內在作繭的人」的姿態。讀這樣的散文，讀者可以看到作者個人內在的探索，以思維的持續不斷的進程取代敘述體慣用的形式，毫不隱蔽地開展自我，自由而隨性。被魯迅稱為「自言自語」的獨白方式，強調的是「心理現實」的呈現，而無意經營一個完整的事件或場景。「閒話」式的散文背後隱藏的是全知觀點，而「獨白」式的散文更注重讀

者自由參與，企圖打破帶有獨斷性封閉式的敘述方式，向讀者開放了一個更大的想像空間。1997、1998 年度的《台灣文學年鑑》（文訊雜誌社編印）都特別提到這種敘述方式是散文創作上的主要現象之一，我們相信這種現象將繼續延伸到跨越新世紀之後。

假如「閒話」方式在無形中建立起作者角色的全知導向與權威性格，那麼「獨白」方式恰好相反地企圖保有內斂私密的個人性格。八〇年代中期以後，散文創作的敘述方式出現了一些改變，在「閒話」與「獨白」之外，一種專業化但不帶說教的權威性，個人化但不流於迷離難解的寫作方式，逐漸興盛，有人稱此為「專業散文」，我稱之為「術語」式散文。「閒話」式的作者像長者，像朋友；「獨白」式的作者像鏡子，讓讀者照見自己；「術語」式的作者，則像民間學者，像導遊，帶你進行知性的冒險，深探專業領域。這種散文書寫近年來形成一股潮流，在作家們的銳意經營下，前述的次文類逐隱隱成形，來勢洶洶，壯大了散文隊伍，開拓了散文新疆域。和過去散文形式不同的是，他們富專業素養，題材的選擇有計畫，有系列，有焦點，以長期的經營潛入與中心主題相關的每一處切面，追索探尋，提供了完整、深入的知識理論與審美體驗，有時介乎論文與散文之間。術語的靈活運用，使這些主題明確、類型突出的作品，呈顯出與以往散文不同的面貌。如陳煌、劉克襄的專業介紹鳥類知識；莊裕安、呂正惠、周志文等談論古典音樂；唐魯孫、林文月、逯耀東等的飲食文化散文；廖鴻基的海洋散文；或者是將「服裝」從單純的裝扮功用發展到深刻文化意涵的張小虹，一方面在大學開設「服裝學」的通識課程，一方面以散文探討服裝性別文化／美學等，將專業散文推向更細緻、特殊的境地；至於不再僅是「遊記」，

而可以建立自主的美學基礎的旅行文學，更是熱度熾烈，蔓延程度令人驚訝。

術語式的專業散文作者，雖然和閒話式散文作者一般具有知識的背景，但不同的是，作者不再談天說地、以廣博經歷取勝，而是系統、專業、深入，致力於新類型的開發，建立以理性、客觀思維為基調的灘頭堡，有意識地向散文審美感知的藝術高峰勉力以進。他們以接近撰寫學術論文般的毅力，廣搜資料（或多方感受），系統論述，以一連串的作品深入議題核心，樹立起個人類型突出的書寫風格。綜言之，閒話、獨白、術語三種話語方式，構成現代散文史發展的基礎，也型塑出散文作者的不同面目，和上一節散文類型的深掘互為表裏，共同為散文文體裂變演化的燎火之勢，添了薪加了柴。

四、時代：翻轉的年代，純美的凝望

散文的邊界開放，腹地無限，文體的自由流動，無所依恃，在在是對散文作者的嚴酷考驗，因為「別以為這是自由，這更是無所依從，無處抓撓」（王安憶語）；梁實秋對此也深有體會：「散文是沒有一定的格式的，是最自由的，同時也是最不容易處置，因為一個人的人格思想，在散文裏絕無隱飾的可能，提起筆便把作者的整個性格纖毫畢現的表現出來」（〈論散文〉）。作者們面對無物不可成文、無事不可成篇的散文，只能更加腳踏實地，用心經營，全力以赴於題材的開發，兼納各種類型的話語，從遣詞、用字到見識、器宇，都不能馬虎以對，如此多方嘗試，才能在散文迷宮裏走出自己的一條路來。

當時代與社會多元化、全方位開展的同時，散文作家們總是

能以生動的篇章爲時代留下生動的記錄，以強烈的情感尋問整體
族群的共同記憶，以各種類型的深挖廣織，爲時代豐富變貌刻劃
出第一手的見證。簡媜這位秀異的散文家，不多的散文觀察常常
能一針見血，她對散文與時代的密切關係就曾表示說：「散文比
其他文類擁有較寬闊的腹地涵攝現代社會每一寸肌理的變化：開
放探親後，以探親、大陸遊歷爲題材的散文一時衆聲喧嘩；自從
環保意識蔚爲主流，有關生態保育等反思社會發展與自然倫理的
文章蜂擁而至。散文作者以警敏的眼光體察社會脈動，搜攫題
材，反映現實，在速度與產量上一直具有旺盛的活力。」檢視時
代衍變的脈絡，一直是散文的主要內容，這一方面歸因於散文表
達方式的直接，具有與時代脈搏同步的便捷性；另一方面也肇因
於作者對「時代」這本大書的勤於翻閱。社會環境的新演變，生
活的新感受新體驗，爲現代散文圖譜帶來了涵蓋著現代意識的新
意象，而新意象的傳達描繪，靠的是作家們的與時俱進的學養，
以及衝破樊籬、勇於創新、敢於跨越的心理。

　　從文體／類型的跨越與裂變，作者身份的轉換，以及敘述方
式的衍化，我們可以觸摸到本世紀以來現代散文蛻變的軌跡，成
熟的脈絡；而從時代社會變遷的角度來觀察，也可以反思散文的
本質、特性與歷史發展，同時看出作家的思想與社會情態、文風
演變之間的密切關聯。所謂「文變染乎世情，興廢繫乎時序」，
社會環境的改變，必然會衝擊到文學生態，也影響到文學題材的
轉變。從日據時期到當代台灣的散文發展，毫無疑問的，正是一
個世紀以來台灣政經環境、社會風貌、文化思潮、文學規律變遷
演化的縮影。

　　當五四新文學／文化運動在大陸轟轟烈烈地展開之際，台灣

的作家們也立刻熱情地為五四新思潮搖鼓助威，例如張我軍發表於 1925 至 1926 年間的《隨感錄》，就與魯迅的雜感文章遙相呼應，剴切張揚科學精神與戀愛自由等個性解放思想；賴和的〈無題〉與〈忘不了的過年〉，也緊扣著科學啟蒙與個性解放等主題。蔣渭水發表於 1924 年的〈入獄日記〉，揭露了異族壓迫下不願臣服的決心，這與楊逵寫於 1937 年的〈首陽園雜紀〉，異曲同調地表現出崇高的人格與民族氣節。四〇年代的台灣散文界，雖然作品數量依然不多，但在創作技巧與藝術質量上已有明顯躍進，如吳濁流的〈南京雜感〉，一方面介紹了汪偽政權統治下的南京現況，一方面則探究了所謂的「中國的性格」，將社會實錄與文化思想以生動描寫和反諷筆調夾敘夾議地呈現，成就可觀。吳新榮發表於 1942 年的〈亡妻記〉，為吳新榮悼念亡妻毛雪芬之作，被黃得時稱為「台灣的浮生六記」，全文三萬餘言，寫得哀婉感人。整體來看，不論是對日本統治者的抨擊，還是文化的關注、人性的挖掘、風俗民情的刻劃，日據時期為數不多的散文，都作了明顯而生動的體現。特殊的時代召喚特殊的題材，這一階段的散文確實有其獨特的視野與現實的意義。

五〇年代的散文，則以懷鄉、反共為主要題材，呈現出略嫌單一且蒼白的色調，不過，有些散文「描寫親情和大自然風光，進而借景抒情」，「這些溫馨親切的作品，表現出這個年代純樸敦厚的風格」（林錫嘉語）；六〇年代則以留學、西化、現代主義的思考為主流，西方的文學觀念、技巧大量引進，但主要是對新詩、小說產生影響，散文界流行的仍是「冰心體」的抒情風。鄭明娳指出，冰心式的文藝腔主要有以下幾個特質：從日常生活事物中的片斷來取材，讚美親情母愛、兒童、大自然，尊敬生命，

熱愛民族國家，文字淺白清麗，態度親切誠懇，情感溫柔真切
等。她還具體點名如張秀亞、張漱菡、琦君、胡品清、白辛、林
文義、林清玄等人的散文，即是「承此流亞，具有以上大部分特
色的散文」（〈台灣現代散文現象觀測〉）。整體來看，五、六○年代
的散文「幾乎全是回顧式作品，內容相當質樸」（齊邦媛語），因
爲當時對應的是一個貧困、克難、沉默的社會環境，不免制約了
作家們在創作時的心理跨越。

七○年代，則是台灣從素樸年代跨入多元化社會的分水嶺。
本土意識的萌發，政治力的釋放，經濟起飛後的物質富裕，以及
中國時報、聯合報文學獎的成立，高信疆率領一批年輕寫手鼓動
出「報導文學」的風起雲湧，「五小」出版社的成立，現代民歌
運動，鄉土文學論戰等等，啓動了文學由西化轉向鄉土、由現代
轉向寫實的文壇大勢。散文作家們懷抱淑世熱情，一起捲入了翻
轉時代下的漩渦中。林錫嘉對此有精要的描述：「作品的精神於
是從人與自然的和諧中出走，代之而來的是太多的自我意識，語
言充滿批判性，描寫更見細微辭詳，使整個七○年代以後的文學
精神起了極大的改變，也影響了現代散文的表現形式。而台灣近
年社會的變遷，使台灣成爲一個比較容許自我自由表現的社會，
也形成了現代散文多元化寫作的可能性」（《八十三年散文選·編後
記》）。七○年代，在台灣散文發展的歷史進程中，今日看來，確
乎是有著分水嶺式的界碑地位。

八○年代起，台灣逐漸走向後工業社會，文學作品也隨之進
入商品化的多元時代。八○年代後期，兩岸關係產生新的互動，
返鄉探親散文應時而生。解嚴後的開放出國觀光，促成旅行文學
的一時風行。政治運動與鄉土意識相生相長，更全面的本土化傾

向，使族群關係、國家定位、語言政策、環保議題等都進入散文領域，而被討論、書寫。然而，輕薄短小的消費模式，也使字數越來越少的札記、筆記、手記體散文大行其道，至於散文與影像、有聲書結合，也是商業化社會下的產物。此外，一些只求華麗包裝的淺俗之作，也大爲暢銷，可說是追求「速成」心理的直接投射。鄭明娳對八〇年代興盛的散文消費性格歸納出以下五個特點：短短的篇章、甜甜的語言、淺淺的哲學、淡淡的哀愁和帥帥的作者，堪稱一語中的。

1984 年 1 月，台灣唯一的一本純散文雜誌《散文季刊》創刊，不料竟於七月出版第三期後即停刊，令人遺憾一個能締造「經濟奇蹟」的地方，竟不能植灌出一座純散文的園圃。不過，從 1981 年起，每年由九歌出版社支持的《年度散文選》，至今已有十八本，正如編者之一的簡媜所言：「這條路不算短，正好見識一個社會從沉默到吶喊，自綑綁而騰躍的歷程，也體驗文學從長江大河漸次瘦成喘息溪流的過程」（《八十四年散文選·編後語》）。十八年的堅持，無形中建立起當代台灣散文具體而微的文學史典律，其中作品題材包羅萬象，風格煥然多變，適足以彰顯台灣散文眾聲喧嘩的樣貌。跨越新世紀，希望這個現代散文的歷史工程能熱度不減地辦下去。陳義芝認爲：「散文眞正人才輩出的年代，還要推遲至八〇年代以後，工商活動日繁，社會活力日盛，資訊解禁，新的思想萌生激盪，一個類似先秦諸子的時代終於來臨了！」（《散文二十家·序》）這個看法可以從年度散文選集中的如林佳作得到印證。

進入九〇年代以後，新的題材，新的類型，使散文的天地更廣，路向更寬。面對跨越的年代，作家們企圖跨越文類，跨越政

治立場之爭，跨越寫實與現代之爭，跨越新舊世代的努力歷歷可見。主流與非主流，中心與邊緣，經典與另類，強勢與弱勢，不同的美學觀點，不同的藝術品評，各類作家各擁自己的讀者，各類文評各說各話，雅俗完全可以自賞。傳統散文習以為常的邊界瓦解了，跨越邊界的文學多元時代開始了。大陸學者王宗法在〈論八〇年代台灣文學的走向〉一文中曾提到：「幾十年來那種脈絡分明的階段性『主潮更迭』，已經讓位於同樣分明的『多元發展』，不再有那一種文學高高雄踞於文壇之勢了。而是你中有我，我中有你，多少年來涇渭分明的創作面貌，被互相認同，互相滲透，互相吸收的『融合』趨勢所取代，出現了一個嶄新的歷史階段。」這段話大致說明了九〇年代明顯的文學形勢。尤其在網路媒體活躍的今天，迥異以往的書寫／閱讀形態、遊戲規則，正營造出一種新的文學生態。「當舊媒體仍執著於散文家、小說家的分野時，網路世界那兒是否已出現人面獸身，冶各文體於一爐，全方位地揮灑其專業或專題？」（簡媜語）媒介的跨越，是否正蓄勢待發地在蘊釀一場文學革命？而現代散文的裂變與演化是否也將進入一個新的階段？值得我們拭目以待。

　　回顧本世紀以來的散文發展路程，以救亡為主調的吶喊（如魯迅「投槍」、「匕首」式的雜文；五、六〇年代的反共懷鄉之作），以啓蒙為宗旨的呼籲（如三〇年代的報告文學或台灣七〇年代的報導文學），以及以純美為中心的吟哦（如林語堂「以自我為中心，以閒適為格調」的主張），始終是散文的三條主線道。當救亡壓倒一切的三〇年代，純美意識的提倡曾被圍剿抨擊過。到了九〇年代，拜政經條件的穩定所賜，純美的凝望再度復甦，飲食、服裝、情色、旅行等等，不僅大受歡迎，甚至有的還建構起強而有

力的類型體系（如旅行文學體系就包括了：旅行專業雜誌，以旅行爲主線書系的出版社，旅行相關的電視／電台節目，甚至還有旅行文學獎、研討會、文藝營等）。正如前面所述，散文沒有邊界的開放性，類型裂變的豐富性，在在說明了散文此一文體是「強悍而美麗」（劉大任語）的。

　　九〇年代的大陸文學界，散文熱成爲一種文學現象，論者且稱九〇年代是「散文時代」。王安憶還提到：「新時期曾經有一度，主張小說向散文學習，意思是衝破小說的限定，追求情節的散漫，人物的模糊，故事的淡化，散文的不拘形骸這時候作了小說革命的出路。」這似乎又證明了散文這一邊緣性文體所具備的向中心地位挑戰的實力。九〇年代的台灣文學界，並未出現「散文時代」的說法，但不論在五十多年的時間跨度，散文創作的數量規模，或是藝術表現的美學維度上，台灣當代散文早已擁有成爲一部承載文學斷代史或散文美學論的完備材料。跨越新世紀之際，希望針對本世紀散文成果的評論能逐漸增加，而散文家們，在純美意識抬頭、實驗場域大開之後，也能夠戮力於營造新的魔幻驚奇，記憶一個時代，輝煌一個世紀。

──《文訊》雜誌 1999 年 9 月號

絕對個人主義的享樂

——林語堂的讀書觀

一、生活藝術化，讀書藝術化

　　正如中國現代文學史上許多知名作家往往也同時是學者、教育家、編輯／出版家一樣，林語堂的多重身份至少有作家、學者、教育家、編輯／出版家、翻譯家、發明家等。他的《剪拂集》、《大荒集》、《無所不談合集》等書，以閒談幽默的風格確定散文家的地位；《語言學論叢》、《中國新聞輿論史》、《蘇東坡傳》等書，則是他學者一面的表現；三○年代創辦《論語》、《人間世》、《宇宙風》刊物及設立人間書屋，印行《人間叢書》，在編輯／出版上的貢獻已有定評；小說《京華煙雲》、《風聲鶴唳》等，刻劃人物悲歡離合，呈現時代風雲蕩漾，成為當時西方圖書市場的暢銷書。此外，他還潛心研究中文打字機，改良中國文字的排字術，發明中文打字機；擔任過北京

大學教授、女子師範大學教育長、廈門大學文學院院長等職；將
《浮生六記》等書翻譯成英文，將英國蕭伯納《賣花女》等書翻
譯成中文。至於他編寫的《開明英文讀本》、《開明英文文
法》、《當代漢英詞典》等教科書及工具書，更是影響了幾代
人。這些不同的身份與優異的表現，使林語堂成為享有極高聲
譽、揚名國際的傑出中國知識分子的典型代表之一。

　　然而，在以上多樣的頭銜之外，對林語堂更貼切的形容、更
生動的稱呼，應該是「藝術家」，而且是「生活的藝術家」。一
部《生活的藝術》成為 1938 年全美最暢銷的書，高居排行榜第一
名五十二個星期之久，形成一陣「林語堂熱」，填補了西方讀者
對中國認識上的空白，也確立了他在國際文壇上的地位。譯成中
文出版後，同樣使國人對中國文化、文學、文人的本質、特性有
更深刻的了解。總是銜著煙斗的林語堂、深諳生活情趣的林語
堂、幽默大師林語堂的形象也就在一批批「林語堂迷」的心目
中，日益清晰、壯大了起來。

　　這樣一位學貫中西、著作等身的豐富人物，其讀書之深、涉
獵之廣是自不待言的。不過，他倒不像梁啟超慎重地開出《國學
名著百種》，要求必讀；也不像胡適強調「越難讀的書我們越要
征服他們，把他們作為我們的奴隸或嚮導，我們才能夠打倒難
書，這才是我們的『讀書樂』。」①林語堂對讀書有其一套獨特
的見解，旗幟鮮明地反對「勤研」和「苦讀」，認為「書不可強
讀，強讀必無效，反而有害，這是讀書之第一義」②。他不把書
當奴隸或嚮導，而是當成朋友、情人。這種將讀書藝術化的態
度，其實完全與其生活藝術化的主張一致。在《生活的藝術》
中，他張揚悠閒態度的重要、享受人生之必要、精神生活之可

貴，對家庭、大自然、旅行、藝術、文化、宗教，他都能從欣賞、享受的角度來對待。對讀書也一樣。獲得智慧固然重要，享受樂趣更為重要，這種堅持，形成了他自成一格、不同流俗的讀書觀，令人心嚮往之。也許，從世俗、功利、實用的角度看，林語堂的讀書觀頗有可議不可行之處，但從當前台灣閱讀市場上過於熱中實用與功利，追趕流行潮流的現象來看，或者肯冷靜想想何以資訊如此泛濫，知識取得如此容易的情況下，文化水準的提昇反而令人憂心不已的話，林語堂「一家之言」的讀書藝術觀，或許有其值得思索玩味之處。

二、以自我為中心

　　林語堂讀書觀的建立，基本上都圍繞著「自我」為中心。他雖在國外多年，許多著作也以英文寫成，但這無礙於他做為一個純粹的中國文人。對「讀書」他有自己一套率真、任性、本我的看法。這不得不令人想起他對晚明文人生命情調的嚮往。三〇年代在上海，林語堂辦刊物、寫散文，滿懷理想熱情，林太乙對當時的林語堂有如下的描述：

> 他醉心於晚明獨抒性靈，不拘格套的散文，企慕公安的清新輕俊和竟陵的幽深孤峭，因而極力提倡袁宏道、中道兄弟、鍾惺、譚元春、王思任、陳繼儒、張岱、徐渭、劉侗以及清代的金聖嘆、鄭燮、李漁等人的文章，要從而開啟現代散文新的性靈文學的道路。③

對於什麼是「性靈文學」，林語堂曾清楚地解釋道：「性靈文學也可以說就是個人的筆調。」因此，在文學創作上，他主張「最重要的就是培養你個人的性靈，有了性靈，你的文章就有生命

力，就有清新的，有活力的文學。……你必須有自己的見解，不怕前無古人後無來者，古人沒有這樣說過沒有關係，我看這樣就這樣說」④。這種「以自我為中心」的文學觀，和他留學歐美、接受當時歐美文學思想文化的核心──個性主義和自由主義的影響有關。以此鮮明的文學觀為基礎，與之相應的讀書觀也就自然應運而生。

在〈論讀書〉一文中，林語堂這種讀書觀有清楚的表白：「世上會讀書的人，都是書拿起來自己會讀」，「一人有一人胃口，各不相同」，因為各不相同，所以「不能因我之所嗜好以強人」。他特別舉英人俗語：「在一人吃來是補品，在他人吃來是毒質」來強調讀書也講究個別差異性。⑤並由此衍生出讀書要以趣味為主、不可勉強、自動學習、順勢而讀等一系列的看法。書要自己讀，且要讀出自己的見解，不管與前人同或不同，用自己的眼睛看，用自己的心體會，讓書為我所用，而非我為書所奴役，這種以自我為中心的讀書態度，林語堂有時以「膽識」稱之：「膽識二字拆不開，要有識，必敢有一自己意見，即使一時與前人不同亦不妨。前人能說得我服，是前人是，前人不能服我，是前人非。人心之不同如其面，要腳踏實地，不可捨己耘人。」要有自我的面目，就不能人云亦云，而是應「處處有我的真知灼見，得一分見解是一分學問，除一種俗見，算一分進步，才不會落人圈套，滿口濫調，一知半解，似是而非。」⑥對林語堂而言，閱讀行為的主體性超過一切，讀書人最重要的就是要敢於有己見，人云亦云、全盤接受，不能算讀書，只能算是會識字的鸚鵡罷了。

讀書要「處處有我」，寫作要「獨抒性靈」，林語堂一貫主

張的正是個人主義式的讀書觀、文學觀。這不禁讓人想起哲學家叔本華（Schopenhauer）在〈讀書論〉中說的：「被記錄在紙上的思想無異在沙上行走者的足跡，我們也許能看到他所走過的路徑；而若要知道他在路上看見了什麼，則必須用我們自己的眼睛。」⑦對讀書的理解，兩人可謂東哲西哲，心同理同了。

三、以興味為格調

一如林語堂對文學（特別是小品散文）主張「以自我為中心，以閒適為格調」⑧，且認為「閒適之筆調語出性靈」⑨一般，除了個人主義色彩，他在文學上強調「閒適」，在讀書上強調「興味」，這種思想可以「趣味主義」稱之。個人主義與趣味主義，是理解林語堂思想很重要的兩個切入點。情趣興味，可說是林語堂讀書藝術的動機論。〈論讀書〉中，他指出：「讀書的主旨在於排脫俗氣」，「讀書須先知味。這味字，是讀書的關鍵。」黃庭堅說：「人不讀書，則塵俗生其間，照鏡則面目可憎，對人則語言無味。」林語堂分析道：「黃山谷所謂面目可憎不可憎，亦只是指讀書人之議論風采說法。」以此標準來評說人，他有了自己的看法：

> 若《浮生六記》的芸，雖非西施面目，並且前齒微露，我卻覺得是中國第一美人。男子也是如是看法。章太炎臉孔雖不漂亮，王國維雖有一條辮子，但是他們是有風韻的，不是語言無味面目可憎的。簡直可認為可愛。亦有漂亮政客，做武人的兔子姨太太，說話雖然漂亮，聽了卻令人作嘔三日。

為培植面目的可愛和語言的有味而讀書，林語堂認為這才是真正

的讀書。可愛的面目不是由花粉胭脂塗抹而成，而是由思想力所華飾的面目。至於語言要有味，全看怎麼讀書：「一個讀者如能從書中得到它的味道，他便會在談吐中顯露出來。他的談吐如有味，則他的著作中便也自然會富有滋味。因此，我以爲味道乃是讀書的關鍵。」⑩以《莊子》一書爲例，雖是必讀之書，但若讀時覺得索然無味，他認爲只好放棄，以後再讀，不必勉強，「對《莊子》感覺興味然後讀《莊子》，對《馬克斯》感覺興味，然後讀《馬克斯》」。讓自己的閱讀跟著興味走，這種閱讀方式符合學習心理。在某種意義上說，只有如此才能眞切感受到讀書的樂趣。

想讀出書的眞正味道，林語堂在〈讀書的藝術〉、〈論讀書〉二文中提到的一些方法與原則值得參考，歸納言之約有三點：一見傾心法、設身處地法、順勢自然法。所謂「一見傾心法」，是指讀書可以找一位與自己氣質相近、同調的作家，「因爲氣質性靈相近，所以樂此不疲，流連忘返，流連忘返，始可深入，深入後，然後如受春風化雨之賜，欣欣向榮，學業大進。」一旦找到思想氣質相近的作家，林語堂形容那種興味就如找到情人一般：「必胸中感覺萬分痛快，而靈魂上發生猛烈影響，如春雷一鳴，蠶卵孵出，得一新生命，入一新世界。」只要找到這樣一位作家，自會一見如故，如蘇東坡讀《莊子》、讀陶淵明詩，似胸中久積之言被全盤道出；又如袁中郎夜讀徐文長詩，忍不住邊讀邊叫，自恨相見太晚。這就是找到了文學上的愛人，其興味「與一見傾心之性愛同一道理」，林語堂形容道：「找到了文學上的愛人，他自會有魔力吸引你，而你也自樂爲所吸，甚至聲音相貌，一顰一笑，亦漸與相似。這樣浸潤其中，自然獲益不

少。」否則讀書無遇知己、情人，東覽西閱，逢場作戲，就不能
讀出心得，讀出興味，學問自不易有成就。

　　所謂「設身處地法」，林語堂舉例說，從前讀地理未覺興
味，今日逢「閩變」事件，遂翻看閩浙邊界地圖，自會覺得津津
有味；又如一人背癰，再去讀范增傳，必會覺得趣味。他還打趣
地說：「叫許欽文在獄中讀清初犯文字獄的文人傳記，才別有一
番滋味在心頭。」轉換情境，或與自己的情境相近時來閱讀相關
的書，林語堂認為這樣才能讀出真興味來。至於「順勢自然
法」，強調絕不勉強，因為讀書就如草木之榮枯，河流之轉向，
自有其自然之勢，順勢易成，逆勢則不易有成就。對此林語堂有
一段形象化的描述：「樹木的南枝遮蔭，自會向北枝發展，否則
枯槁以待斃。河流過了磯石懸崖，也會轉向，不是硬沖，只要順
勢流下，總有流入東海之一日。」因為講究自然順勢，所以要找
與自己氣質相近的作家，他說：「只有你知道，也無需人家指
導，更無人能勉強。」對「必讀之書」，他表示反對：「世上無
人人必讀之書，只有在某時某地某種心境不得不讀之書。有你所
應讀，我所萬不可讀。有此時可讀，彼時不可讀。即使有必讀之
書，亦決非此時此刻所必讀。見解未到，必不可讀，思想發育程
度未到，亦不可讀。」所以他舉孔子說五十可以學易，即表示四
十五歲尚不可讀。林語堂再三強調的正是循序而進、順勢而讀的
順其自然法，只有這樣，才能含英咀華出讀書的箇中滋味。

　　找到自己性靈契合的作家，讀其書如觸電一般，這種精神上
的融洽，林語堂稱之為「靈魂的轉世」。一見傾心之下，讀書精
神自然百倍而不倦。設身處地，與現實貼近，讀書的效果自然大
為提高。順其自然，不勉強，不為人，只求一己之興味，讀書之

藝術方能臻於化境。這三個原則的掌握，將可以使讀書成為一件
充滿樂趣的事，也能讓自己成為一個快樂的讀書人。林語堂說：
「什麼才叫做真正讀書呢？這個問題很簡單，一句話說，興味到
時，拿起書本來就讀，這才叫做真正的讀書，這才是不失讀書之
本意。」法國散文家、思想家蒙田（Montaigne）對讀書也有大致
相近的看法，他說：「讀書，我只尋求那些能夠令人愉快且又樸
實無華的篇章；學習，我只學習這樣的知識：它能夠告訴我，我
當如何認識我自身，我當如何對待生和死。……當我在讀書中遇
到某些費解的地方時，我從不一味冥思苦想；倘我嘗試一、二次
後仍不得要領，我就把它甩開。」[11]這種態度也正是林語堂要提
倡的。至於英國作家吉辛（George Gissing）說他能「只消將鼻子
放在書頁中間，便可以回想起各種的事。」例如一部劍橋版的莎
士比亞，他說：「它有一種味兒，能夠把我送回更早的生活史中
去。」[12]這也是深得讀書滋味的經驗談。真正的讀書就是要讀出
味來，讓自己成為一個言談有味的人，言談有味，面目即可愛，
身心愉悅，生活自然充滿趣味。隨時讓自己散發出高雅不俗的生
活格調，讓書中的興味盡為我嚐，林語堂認為，讀書的動機應該
在此，而其魅力也在此。

四、以享樂為境界

　　讀書能夠讀出味道來，則讀書本身就已是充滿樂趣的享受。
一卷在手，與書中人物、意境、思想交流、對話、共鳴，情投意
合，一見如故，這種心靈的欣悅是難以言傳的境界，只有自己才
能真體會。或謂讀書如探新大陸，可以發現新世界；或謂讀書是
靈魂在傑作中的冒險、壯遊，這都是對讀書之樂有過切身感受者

的見道之語。梁啟超在〈論小說與群治之關係〉文中提到小說有四種「不可思議之力」：熏、浸、刺、提，這是文學的作用力，同時也是文學迷人的魅力。夏增佑寫於 1903 年的〈小說原理〉，其中對讀小說的樂趣也有一段生動的描述：「一榻之上，一燈之下，茶具前陳，杯酒未罄，而天地間之君子、小人、鬼神、花鳥雜遝而過吾之目，真可謂取之不費，用之不匱者矣。」讀書享樂的境界不就是如此嗎？

　　林語堂〈論讀書〉中說：「視讀書為苦，第一著已走了錯路。」因為如果曾體會過讀書一見傾心的情人滋味，「便知道苦學二字是騙人的話」，「讀書成名的人，只有樂，沒有苦。」他對古人苦讀的行為深不以為然，認為「古人讀書有追月法、刺股法，及丫頭監讀法，其實都是很笨。」在〈讀書的藝術〉中，他強調凡有所成就的讀書人決不懂什麼叫做「勤研」和「苦讀」，「他們只知道愛好一本書，而不知其然的讀下去。」津津有味，渾然忘我，能得此中之真味者，才是幸福的讀書人。一個人倘懂得讀書的享受，則不拘何時何地都可以讀書。歐陽修自承最佳的寫作時機有「三上」：枕上、馬上和廁上；張潮《幽夢影》中也指出：「善讀書者，無之而非書：山水亦書也，棋酒亦書也，花月亦書也。」他還直接比喻道：「文章是案頭之山水，山水是地上之文章」⑬，堪稱一語中的。余秋雨《文化苦旅·自序》中自陳出門遠行的理由，是開始質疑：「我們這些人，為什麼稍稍做點學問就變得如此單調窘迫了呢？如果每宗學問的弘揚都要以生命的枯萎為代價，那麼世間學問的最終目的又是為了什麼呢？」在困惑中，他走出書房，出發去旅行。我想，余秋雨並非質疑讀書的作用與價值，而是要強調一種「遊於藝」的讀書境界，也就

是，與其書齋苦讀，不如去讀自然山水，再進一步說，如果讀書已如遊山玩水般自在快樂，則讀書與旅行並無太大的不同。林語堂就說過，讀書「在心理的效果上，其實等於出門旅行」。

隨時隨地可讀書，書齋中，行旅上，只要他想讀書。若不想讀，或不懂讀書的樂趣，即使在書房中面對書一樣呵欠連連，所謂「春天不是讀書天，夏日炎炎正好眠。秋去冬來真迅速，一年容易又春天。」正是不知讀書樂者的自欺之辭。深悉讀書興味的林語堂，有一段對讀書享樂境界的傳神描寫，值得再三品味：

> 一個人儘可以拿一本離騷或一本奧瑪·迦崖（Omar K yayyam），一手挽著愛人，同到河邊去讀。如若那時天空中有美麗的雲霞，他儘可以放下手中的書，抬頭賞玩。也可以一面看，一面讀，中間吸一斗煙，或喝一杯茶，更可以增添他的樂趣。或如在冬天的雪夜，一個人坐在火爐的旁邊，爐上壺水輕沸，手邊放著煙袋煙斗，他儘可以搬過十餘本關於哲學、經濟、詩文、傳記的書籍堆在身旁的椅上，以閒適的態度，隨手拿過一本來翻閱。如覺得合意時，便可讀下去，否則便可換一本。（〈讀書的藝術〉）

這種自動、自由、自在的讀書境界，真是令人神往。一個人獨處，隨興地讀，是享受讀書樂趣不可少的兩個條件。林語堂在〈來台後二十四快事〉中，仿金聖嘆三十三個「不亦快哉」而有快事二十四條，其中第一條即是：「華氏表九十五度，赤膊赤腳，關起門來，學顧千里裸體讀經，不亦快哉！」這種「快」的樂趣，主要還是來自於一個人的自在閒適。換言之，以自我為中心，以興味為格調，自然能享受讀書的樂趣。一個人必須曾經享受過這種樂趣，才能算是真正讀過書，否則讀再多書也只是隔靴

搔癢罷了。

　　單以讀書來說，稱林語堂是「享樂主義者」應不為過。他最推崇李清照及其丈夫趙明誠的享樂境界：「我們想像到他們夫婦典當衣服，買碑文水果，回來夫妻相對展玩咀嚼的情景，真使我們嚮往不已。你想他們兩人一面剝水果，一面賞碑帖，或者一面品佳茗，一面校經籍，這是如何的清雅，如何得了讀書的真味。」（〈讀書的藝術〉）他甚至於有感而發地表示，一個人若不能用看《紅樓》、《水滸》的方法讀《哲學史》、《經濟學大綱》，則是不懂讀書之樂，不配讀書，且終將讀不成書。這種以讀書為遊戲、為享樂的態度，林語堂奉行不渝，終生受用，且樂在其中。朱熹說：「書冊埋頭何日了，不如拋卻去尋春。」這不只是老實話，也是見道語。

　　強調讀書是個人享樂的事，不表示林語堂不聞世事，只知閉戶讀書。例如 1925 年封建衛道人士高喊學生應「勿談政治」、「讀書救國」的濫調，林語堂就筆帶激情地寫了〈「讀書救國」謬論一束〉，針對遺老遺少的論調，反覆批駁，散發極強的說服力與戰鬥力：「我們所以反對閉門讀書，非真反對閉門讀書，實反對借閉門讀書之名，行閉門睡覺之實。」此文是林語堂早期散文的一篇力作，也是《剪拂集》中較有代表性的一篇，既有情之感染，又有理的思辯，幽默諷刺中展現了林語堂關懷國是的殷情憂心。享樂不忘救國，救國不忘享樂；讀書不忘享樂，讀書也不忘救國。這才是對林語堂這位幽默大師的深刻理解。

五、有味的讀書，有味的人生

　　梁啟超自陳是主張趣味主義的人，如果用化學來分析「梁啟

超」這個東西，把其中所含一種原素名叫「趣味」的抽出來，剩下的只有一個〇而已。他強調：「凡屬趣味，我一概都承認它是好的。」（〈學問之趣味〉）至於趣味之養成，梁啓超提出四個原則：無所爲、不息、深入的研究、找朋友。他指的是學問的趣味，讀書的趣味、方法其實也一樣。讓讀書成爲一件有味道的事，讓自己成爲一個談吐舉止有味道的人，如此人生才是精彩，才是活潑。李清照、梁啓超、林語堂諸人，都可算是趣味主義者，也都是眞懂讀書之樂者。

眞懂得讀書，則書不必多。林語堂說：「我讀書極少，不過我相信我讀一本書得益比別人讀十本的爲多，如果那特別的著者與我有相近的觀念，由是我用心吸收其著作，不久便似潛生根蒂於我內心了。」⑭在《八十自敘》中，他對自己讀的書有較詳細的介紹：「他什麼書都看。希臘、中國和現代作家的作品；宗教、政治、科學，無所不包。愛讀紐約時報的『標題』欄和倫敦時報的第四社評；也愛看『花邊』新聞和科學、醫藥新聞。」⑮林語堂生前好友徐訏在〈追思林語堂先生〉一文中，對林語堂讀的書則有另一番觀察：「在我的了解中，語堂所讀的關於文學文化思想的書實在可以說無所不窺，正統的學院的哲學著作他似乎沒有系統地閱讀，嚴密的邏輯與煩瑣的概念分析他沒有興趣，但對於希臘的思想家的學說他讀起來可脈絡清楚。他讀書決不是『好讀書，不求甚解』，而是的確下苦功夫，他對於莊子、老子、墨子以及佛經這一類書，他都下過『譯成英文』的功夫。」⑯很多人讀林語堂幽默的文章，誤以爲他是一個不拘形骸、瀟灑放浪、隨便任性的人，其實他不僅生活規律，拘謹嚴肅，而且時時讀書、寫作，並沒有浪費時間在無謂的玩樂、瑣事上。他說自

己書讀得不多，是相對的說法，因爲面對古今中外汗牛充棟的著作，一個人一生能讀的確實不多，但和大多數人相比，他這句話謙遜的意味較濃。

林語堂曾做一對聯以自勉：「兩腳踏東西文化，一心評宇宙文章。」氣魄雄偉，自視亦高，觀察他八十一年精彩的一生，應當無愧於這番自勉。他讀書、寫書、教書、譯書，在現代文學、思想、文化、藝術、歷史等不同領域，都佔有其一席之地，既曾被美國文化界列爲「20世紀智慧人物」之一，又曾被提名爲諾貝爾文學獎的候選人。他把中國文化介紹給了世界，又把世界文化介紹到了中國。這是可敬的林語堂。文學觀上，他鼓吹「以自我爲中心，以閒適爲格調」，讀書觀上，他主張以自我爲中心，以興味爲格調，以享樂爲境界，以自動、自由、自在的態度來讀書，不僅是他個人一生讀書的心得呈現，也是他人生觀、文學觀的反映。啣著煙斗，爐邊喝茶，隨意地看書，且看得津津有味，這是可愛的林語堂。可敬復可愛，是這位陽明山上「有不爲齋」的文化老人留給後代最鮮明的形象。

林語堂曾經如此描繪他心中理想的散文：「乃得語言自然節奏之散文，如在風雨之夕圍爐談天，善拉扯，帶情感，亦莊亦諧，深入淺出，如與高僧談禪，如與名士談心，似連貫而未嘗有痕跡，似散漫而未嘗無伏線，欲罷不能，欲刪不得，讀其文如聞其聲，聽其語如見其人」[17]。而他自己的散文也正是如此。如聞其聲，如見其人，其聲須有味，其人須有趣，文章才能讓人欲罷不能，欲刪不得。林語堂做到了這一點。他的作品，不論是散文、小說還是學術論著，讀過者總會覺得津津有味，而他的人，凡見過者也總覺得談吐不俗，優雅閒適。一部《生活的藝術》，

活脫脫是夫子自道：一個有興味的人寫了一部有趣味的書，書中所言所敘，是他自己。

　　林語堂，一個個人主義者，自由主義者，趣味主義者，享樂主義者。讀書如此，寫作、研究、生活無不如此。讀書時，他興味盎然；寫作時，他痛快淋漓；不讀也不寫時，他是一個純粹的中國文人，如沐春風的親切長者，一個啣著煙斗、面帶微笑，流露智慧與情趣的幽默大師，生活的藝術家。

——2000.11.17 佛光大學文學研究所主辦之
「林語堂文學研討會」論文

【附　註】

①　胡適，〈為什麼讀書〉，《胡適文集》（歐陽哲生編。北京大學出版社，1998）第十二冊《胡適演講集》，頁 474。此為胡適於 1930 年 11 月下旬對上海青年會演講內容。

②　林語堂，〈論讀書〉，《林語堂散文選集》（林吶等主編。天津：百花文藝出版社，1987），頁 73。

③　林太乙，《林語堂傳》（台北：聯經出版公司，1989），頁 83。

④　林語堂，〈性靈文學〉，引自林太乙著《林語堂傳》，頁 8。

⑤　同②，頁 69、73。

⑥　同②，頁 77。

⑦　叔本華，〈讀書論〉，《讀書的藝術》（林衡哲、廖運範譯。台北：志文出版社，1968），頁 3。

⑧　林語堂，〈《人間世》發刊詞〉，《人間世》第一期，1934 年 4 月出版。

⑨　林語堂，〈論小品文筆調〉，《一夕話》（台北：風雲時代出版社，1991），頁 15。

⑩　林語堂，〈文化的享受〉，《生活的藝術》（台北：遠景出版公司，1976），頁363。

⑪　蒙田，〈論書〉，《蒙田隨筆集》（辛貝、沈暉譯。台北：志文出版社，1990），頁40-41。

⑫　吉辛，《四季隨筆》（李霽野譯。台北：志文出版社，1991），頁66-67。

⑬　二則引文見張心齋著、王名稱校，《新校本幽夢影》（台北：漢京文化公司，1980），頁42、28。

⑭　林語堂，《林語堂自傳》（江蘇文藝出版社，1995），頁35。

⑮　林語堂，《八十自敘》（台北：風雲時代出版社，1989），頁2。

⑯　徐訏，〈追思林語堂先生〉，《幽默大師：名人筆下的林語堂，林語堂筆下的名人》（施建偉編。上海：東方出版中心，1998），頁7-8。

⑰　林語堂，〈小品文之遺緒〉，《一夕話》（台北：風雲時代出版社，1991），頁44。

清 唱 的 魅 力

——略論王堯的散文研究

一、詩性的存在，深刻的追求：關於
　　王堯這個人

　　認識王堯的朋友大概都會同意，他是一位「安靜的學者」，在聚會笑談中，他的話不多，總是抽著煙，一派閒適地瞇眼聽別人說話，但他偶爾的幾句妙語，又讓人始終覺著他不可或缺的存在。聽過他講課或演講的人，也不難發現，他邊說邊思考的謹慎用心，偶爾的略事停頓，眼神不知飄向何方，聽者開始有些擔心之際，他又能立即接續話題，滔滔出另一番更深刻或更生動的言說。如果我的觀察不錯的話，當他於書齋中一個人寫作沉思時，是他最活躍的時刻，而當他在眾人掌聲與目光的注視時，卻是他最冷靜的時刻。他的這種人格特質，使他在學術研究與散文創作上，都呈顯出個人獨特的思維與風格，那就是：遠離喧嘩，安於

邊緣，以樸素而自由的方式，在自己的園地上放歌，以功力深厚的清唱，建構起深具魅力的散文天地。

他的這種生命型態，主要源於自身的「散文化」氣質，是一種詩性的存在。常州師範學院學者蔣蘇苓就認為說，在九〇年代的大陸學術界，「王堯博士的聲音是平靜而清晰的，這狀態頗如他惦念中的故鄉的小河，也如他現在生存的蘇州這座城市的水巷。也許這容易讓人忽略，而其不可忽略的學術意義正在平靜與清晰之中。」王堯是江蘇東台人，後來一直在蘇州古城落腳、生活、教學、寫作，對於深受吳文化影響的蘇州文人，王堯曾如此分析道：「吳文化之於蘇州作家如同影子之於人。因此，審美化的人生成為蘇州作家最基本的存在方式（也有少數例外），作為一種整體特徵它是非常鮮明的。詩性，仍然存在於作家的心中與作品中。」（《把吳鉤看了·在邊緣處》）毫無疑問，這詩性也存在於王堯的心中與作品中，這使他擁有極大的自由去進行靈魂的冒險，也使他常保悠閒心情對待文學與歷史的風雲變幻。這讓他體會更深，見人所未見，言人所難言。因此，要認識王堯，必須同時認識蘇州的王堯與散文的王堯，這兩者是他精神和情感的存在方式，缺一不可。

正如王堯自己所言：「偌大的中國現在已經放得下一張平靜的書桌。心平氣靜，書桌也就穩當了。」他習慣（也喜歡）安靜地在書桌前讀書寫作（當然，一手吸煙、一手捧書的姿勢是可想而知的），雖然長期在行政職務上周旋，他卻毫無忙於應酬的心力交瘁，相反的，他已培養出細心、穩健、看問題既深且廣的胸襟與眼光，這使他多年來，在學術研究上累積出可觀的成果，同時又以優雅的文人筆觸寫出一篇篇風格鮮明的散文。前者，他有《多維視野

中的文學景觀》、《中國當代散文史》、《鄉關何處》、《遲到的批判》等書，後者則有《詢問美文》、《把吳鈎看了》等書。1998 年《國文天地》曾有一文介紹王堯，稱他爲「散文研究新銳」，在我看來，他已是此一領域的「中堅」學者，暫且不論他即將出版的《二十世紀中國散文史論》（台灣文史哲出版社），或是主編的十卷本《百年中國知識分子》（河北教育出版社出版），還是關於文革文學研究的多本著作，即以其現有成果來看，中國現當代文學研究的學術道路上，心平靜氣的王堯，已經有了一張穩當的桌子了。

二、文化與審美的雙重視角：關於
《中國當代散文史》

在王堯的學術道路上，《中國當代散文史》的寫作使學界看到了他的研究才情與獨到思維。雖然之前與人合寫的當代文學評論集《多維視野中的文學景觀》獲得了 1993 年「中國當代文學研究優秀成果獎」，已經初步體現出他深中見新、微中見著的學術潛力，但這些文章「大多寫於他由蘇州大學中文系畢業留校後的最初幾年」，因此「在今天看來多少有些稚嫩」（蔣蘇苓語）。一直要到《中國當代散文史》的出版，他力圖對二十世紀中國散文研究建立新範式的努力才有了具體成果。

年輕的王堯（當時三十四歲），爲年輕的當代散文寫史，除了需要才識，還得有膽識才行。他的老師、同時也是散文研究專家范培松教授（著有《中國現代散文史》、《中國散文批評史》）在序中開頭就說：「要爲中國當代散文寫史，是要有一點膽略和蠻勁的。」勇於追求學術個性的王堯，清楚地意識到自己這項嘗試背

後所可能的意義與局限，他說：「我不敢企求別人完全贊同，但我渴望理解我對藝術的真誠，渴望在學術世界中少些塵世的紛爭」，「渴望自己的這部史和其他學人的散文研究成果一樣，為改變散文研究現狀而有所奉獻，並以此與關注當代散文發展命運的人們作一次對話。」在這樣清醒的認知下，他對當代散文歷史的描述與析論，採取了文化與審美的雙重視角，觀照並把握當代散文的發展進程與規律，不隨過去從一般寫作學層次來研究散文的「傳統」，也拋開意識型態窠臼而回歸藝術本位，因而使這本「初試啼聲」之作，得到了同行的肯定與讚賞，如范培松說：「這樣寫史，是一種有意義的嘗試，對當代散文的研究頗具啟發性，應該受到讚賞。」；蔣蘇苓也認為：「從史的角度研究中國當代散文，是八、九〇年代散文理論批評的一個新趨向，而真正具有文學史份量的便是王堯著《中國當代散文史》。」這部二十多萬字的史論，是大陸第一部相關著作，令同樣研究現代文學的欒梅健教授「不由得產生了幾分驚喜與驚嘆」。

在這部散文史中，處處可以看到王堯精心的論證與新穎的史觀，如文革前十七年的散文史，他撰寫了七章，文革後的新時期有十章，而文革十年只有簡短兩章，其學術立場不言可喻。對於不同時期、作品與作家，他總能找到一個恰當的切入點來論述，從中顯示出他對研究對象的精準把握，如從「士大夫情趣」來談汪曾祺散文，從「新的美學品格」來談賈平凹散文，從老年人的文體特徵「回憶」來談孫犁散文，從「文化人格」談余秋雨散文等；對於散文本體論部分，他也多有留意，如對散文發展中「大文體」傾向的考察，以及將美學觀念與文體特徵聯繫在一起討論的必要性等。

　　對文體特徵與美學原則的諸多議論，在我看來，既是本書不同於一般散文史的特色之一，而且也表現出王堯對散文本體論的情有獨鍾，他後來的散文研究不以「寫作學」為滿足，而從「文體學」入手，其實在此已初現端倪。這方面的看法頗有可觀者，如對楊朔把散文「當詩一樣寫」的美學觀，他的看法就很有見地：「強化散文的詩的意境的創造是散文藝術的一條審美途徑，但不是唯一的途徑。意境使散文優美，明理使散文深刻，情趣使散文親切。當散文失去後兩者時，一個抒情的時代就會失去思想，失去自然的生命天性。這妨礙散文形成多樣化的審美格局。」又如在談汪曾祺散文時，他說：「散文中的『傷感主義』其實是浮躁心態的表徵。何以去浮躁而趨寧靜？與世隔絕的寧靜是死的寧靜，不避生活而又能在淨化中擺脫世俗功利的困擾才是生的寧靜。散文需要的是生的寧靜，寧靜的心態即是淡泊的人格。」類此直指文體與美學的議論，散見於各章節中，而未構成一完整與系統的理論，個人以為有些可惜，還好，接下來《鄉關何處》一書，讓我們看到了他在這方面進一步且較為系統的發揮。

三、自由與樸素的存在方式：關於 《鄉關何處》

　　真正代表王堯散文研究的宏觀視野與深厚功力的著作，我認為是《鄉關何處──二十世紀中國散文的文化精神》。這本以知識分子的心靈滄桑與文化扣問為主體的百年散文回顧研究，最大的特色是提出並論證了一個重要命題：散文是知識分子精神和情感最為自由與樸素的存在方式。這個思路的形成與展開，顯示出

王堯對百年來文學歷史發展規律的充分掌握，他以下的這段話清
楚地說明了他的深意所在：

> 如果說散文創作是知識分子精神和情感最為自由與樸素的
> 存在方式，那麼二十世紀中國散文則是知識分子審美化的
> 心靈史。作為知識分子的幾代作家，以生命的個體形式和
> 獨特的話語，詢問自我與民族的精神去路。這一在世紀初
> 的晨曦中便開始的詢問，沒有隨著世紀末的黃昏降臨而終
> 結。二十世紀中國散文存活著一個民族百年的夢想。在夢
> 想的牽引下，對經典作家和作品的回顧、選擇與解析，便
> 是對精神家園的又一次詢問。

這個命題的提出，超越了文學寫作美學技巧層面的枝節，直接觸
及文學／文化（作家）的精神人格與人文關懷，因此，他宏觀地從
百年歷史變遷、人格選擇、審美人生、人文關懷、話語方式等不
同角度，對二十世紀中國散文進行全面而深刻的探勘。他企圖透
過這樣具綜合、交叉學術特徵的研究，以思想文化史的深度，建
構審視二十世紀中國文化與散文的新範式。

　　這個命題的提出與闡示，是王堯對現當代散文研究的一次理
論建樹。過去許多散文作者及研究者，曾經提出了一些具理論價
值的說法，主要針對散文文體來立論的有周作人「美文」、蕭雲
儒「形散神不散」等；強調弘揚「自我」的有林語堂「以自我為
中心」、朱光潛「（散文）最上乘的是自言自語」、李廣田「散文
中就藏著一個整個的『我』」、鄭明娳「散文當以『有我』為張
本」等；從寫作美學風格及心理來命題的有林語堂「以閒適為格
調」、梁實秋「散文的美，美在適當」、楊朔「（散文）當詩一樣
寫」、巴金「（把散文）當作我的遺囑寫」等。而王堯的說法，既

強調散文文體的自由與樸素，又能抓住作家自我樸素而自由的生命存在方式，二合一地對散文進行準確的觀察與分析，單以這個命題的揭示，王堯在散文研究領域已有其一席之地了。

　　由於能抓住知識分子心靈的基本線索，他對散文史的變化發展，作家的人格、心理、話語方式特別能掌握，且有精彩的論述與洞見，例如在戰鬥的雜感與閒靜的小品散文之外，他對一些處於「中間狀態」的作家，像朱自清、豐子愷、梁遇春、錢鍾書、張愛玲等也同樣重視；也是從文化關懷的角度，他注意到了一般散文史所忽略的費孝通的訪外散文；還原歷史情境，注意作家生存方式選擇，使他的評論客觀而有說服力，如對楊朔以「國家話語」爲中心的寫作模式，他批評道：「『楊朔模式』所留給我們的遺憾是：熱情的高漲導致了理性的喪失。在主流意識型態規範下作家失去了以個體的眞實體驗去表現時代側影的機會。藝術才華因此在誤區中蒙上了陰影。」但他也不忘提醒人們：「我始終認爲，我們不能否定楊朔反映時代的熱情。」對梁實秋被簡單化地批評「與抗戰無關論」，他幾乎動了氣地指責：「說這樣似是而非的話，眞讓人懷疑他是怎樣讀懂《雅舍小品》的。」但在肯定梁實秋散文之餘，他同樣也指出其局限：「他的散文有書卷氣，少生命血脈；有學養，少個人體溫；有趣味，少蘊藉。這都不能不說是一種缺憾。」在對魯迅《朝花夕拾》的論述中，他也是從心態與價值取向的變化指出：「『紛擾』出雜文，『閒靜』寫美文，文化精神深刻影響著審美選擇」，並進一步分析道：「在吊唁中緬懷逝去的『童心』、『天性』、『愛』和『人情』，從而表現出一種失落的情懷與悵惘之美，這與其說是一種審美筆法，毋寧說是情感方式。」類此的分析，可以說深掘出了

《朝花夕拾》在文體上與文化精神上的獨特意義。

從作家／作品內在的人格選擇、審美意識，到表現於外的人文關懷、話語方式，王堯在方法上的突破，為散文研究拓展了學術視野，也基本完成了他在《中國當代散文史‧後記》中追求學術個性，擁有自己園地的學術理想。

四、以美文注美文：關於《詢問美文》

王堯對散文的理解，不僅表現在他的散文研究上，也體現在他獨樹一格的散文經典書話寫作上。《詢問美文——二十世紀中國散文經典書話》一書的出版，是又一次印證並闡發其「散文是知識分子精神和情感最為自由與樸素的存在方式」的一貫思路。照他自己的說法，這本書讓他體味到「微觀研究的自由。從一部具體的作品進入一個心靈的世界是那樣的直接和親切」，「在寫作時能夠和自己的研究對象『交心』未嘗不是一種幸福。」換言之，在對一部部經典散文的自由書寫背後，他力求表達的不僅是散文的詩心，散文的情理，散文的文字美學、歷史語境，還有著他心靈的扣問與文化精神去路的追尋。捧讀此書，既可以看到這些經典散文的生動風貌，又可以觸探到王堯的心靈世界，二者再一次做了微妙的融合。

在現代文學史上，「書話」體的寫作不是新鮮的嘗試，當代作家體例不一、風格殊異的各種書話也時有所見，但像《詢問美文》這樣專「話」現代散文者前所未見。這四十七篇書話，涵蓋了現當代的時間跨度，而且在精挑細選經典文集的過程中顯示了作者的史識眼光，這本書話既可以當作一篇篇有見地、有才華的學人小品來閱讀，也可以視為一部具體而微的現代散文史書。書

人書事，掌故版本，以散文筆法來寫，加上精緻的插圖，精美典雅，山東畫報出版社出版後，讀者反應熱烈，台灣的讀册出版社因此引進，沈謙教授在序中稱譽此書爲「以悠閒的心境品嘗二十世紀中國小品散文的精緻藝術」，確非虛語。

《詢問美文》的特色之一，也是個人最欣賞之處，在於以美文注美文的嘗試。王堯在寫作的過程中，有意識地強調審美分析與性情感悟，希望藉此寫活作家心態，再現作品精神，因此，修辭之美與靈性感悟，使他的這些書話本身也成了美文。這類例子俯拾皆是，如：讀過（冰心）《寄小讀者》，被愛滋潤過，又記住了愛並且去愛的人，是幸福的；（林語堂）《剪拂集》的蓬勃氣象已是昨日黃花，但色澤並未褪盡，我們由此仍然可以聞到當年知識界思想的芬芳；談唐弢《落帆集》時他說：「作爲一個尋路者和尋夢者的夢想，他在黑暗中打開過仰望天空的窗戶，但他隨即又發現風暴沖破了窗玻璃，發現夢一般的童年已經在寂寞的心底埋葬。我不知道他那時是否已經問過：那天上的花園已荒蕪到怎樣了？」又如論張中行《負暄瑣話》：「張中行就這樣曬著太陽，說著閒話，我們於是有緣傾聽到文化血脈的流淌之音；我們也在『感傷』之中聽雨打枯荷，聽蛙聲、蟬鳴；我們也在沖淡雋永之中咀嚼一種苦味，那苦味和周作人的相似嗎？」對於沈從文自稱是「鄉下人」，王堯說：「我想，『鄉下人』的角色只有在歸家之後在精神落實之後才不是一種扮演，而是生命之本色。在現代文明更爲發達的今天，我們還有沈從文的那種感覺麼？那浮動的櫓歌還能夠讓我們靈魂輕舉讚美不盡麼？」這樣的「用心」解讀散文，以生命本質相詢問，以美文來注解美文，實是此書迷人之處。

在《詢問美文‧跋》中，王堯曾提到爲何會選擇書話形式來寫作，主要是希望「能夠尋找到發揮學識與才情的結合點」，而「書話，是我在尋找的一個結合點之一」。從書中篇什看來，他的學識與才情確實透過「書話」做了一次精彩的發揮與演繹。在閱讀張中行《負暄瑣話》時，他曾深有所感地說：「有一個人站出來，如數家珍地說著文人的性情，說著文人的人格，說著學問的意義，那是一種美麗。」他在《負暄瑣話》中看到了這份美麗，而我要說，在《詢問美文》中，我們同樣看到了這份美麗。

五、邊緣的位置，清唱的魅力：關於王堯的下一步

《中國當代散文史》、《鄉關何處》、《詢問美文》堪稱王堯的散文研究三書，目前他正全力將這三本書重新整合刪修成一部《二十世紀中國散文史論》，據他表示，這部書完成出版後，他的散文研究將告一段落，未來將不再從事這方面的單一研究了。那麼，告別「散文的王堯」之後，他的下一步是什麼呢？其實，在散文研究的同時，他早已涉足其他領域多年，例如「文革文學」的思索。他以堅持歷史原則、學術立場的態度，完成博士論文《「文革文學」研究》（1998 年十二月，蘇州大學），又以《遲到的批判》一書作爲博士論文的補充和延伸，書中對新時期一些重要作家在文革時期創作而又多年來不被注意的作品加以評論，如余秋雨與《胡適傳》、賈平凹與〈彈弓和南瓜的故事〉、陳忠實與〈無畏〉、胡萬春與〈走出「彼得堡」〉等。一些爲人疏忽的現象、刊物、事件，他也有著言說的興趣。面對文學史對文革文學長期刻意冷淡的現象，他並不企圖去推翻，而是深入其中，

掌握材料，進而思考知識分子的文化境遇、思想命運與文學創作的關係。除了這兩本書，他於 2002 年還將在上海三聯出版社出版《文革文學史論》、《文革文學年表》、《文革文學史料選》三書，這是他深耕文革文學多年辛苦的成果，我們相信，其中所處理、呈現的題材與文化思考，將會是人類文化史上一個重要的典型，對當代文學史而言，也將填補一個空白。

　　除了文革文學的研究，他這些年來斷斷續續也寫了一些散文。源於自身「散文化」氣質與學術工作的背景，他的散文接近於學人小品或哲理性隨筆，代表作是《把吳鉤看了》，這讓我們同時看到了散文的王堯與蘇州的王堯。書分三輯：「此岸彼岸」談家居生活、城市印象；「鄉村修辭」談兒時趣事；「硯邊點滴」談讀書、學術、教學的心得感觸。沒有一般散文家的賣弄、俗套，他只是誠懇如老友般傾訴多年來零散的思想和情趣，例如喝茶，他看出了「喝茶也就是在喝自己」的深意；對蘇州園林，他說：「人塑造了園林，園林又在塑造著人」，「蘇州的文人圈是本世紀最後一個傳統文化的村落」；對於讀書人，他說：「沒有書房夢的人不是真正的文人」，「愛書的人未必都在雨天到書店挑書，但是不愛書的人肯定不會在雨天到書店來。」這些觀察與體會，總是讓人會心，感到悠遠的情趣。深受吳文化薰陶的王堯，文字底下都是委婉、靜定的情思。他說：「當我偷閒坐在草坪上，或者在大街上驀然回首時，我覺得了世界的嘈雜和喧鬧，我感到了傾聽自己心靈的必要。於是我選擇了散文」，這些散文的書寫，成了他「生命過渡狀態時靈魂的起承轉合」，也就是說，這些年來，在詢問美文的同時，他已然用美文試圖來詢問生命，詢問文化，詢問這俯仰其間的城市。

　　告別了散文研究，告別了文革文學，王堯的生命狀態將過渡到當代學術史的研究，對 1949 年以來一些學術個案如「紅樓夢批判」等進行解析。此外，他還將主編年底創刊的《當代文學研究》雜誌，也計劃創辦寄寓知識分子理想的《邊緣》雜誌，當然，他還得教學、指導研究生，以及繁重的行政工作……。王堯的朋友都知道他超重的負荷，但他總是吸著煙，不疾不徐，意態悠閒。對知識分子地位的邊緣化，他安靜以對；對喧鬧的學術市場，他以清唱的形式，保持自己的清醒。這就是王堯，一個樸素而自由的安靜學者。

　　少了王堯，散文研究的天地肯定將冷清許多，但他在散文研究道路上跋涉的身影，精彩的言說，將不會被人遺忘。

──《國文天地》2002 年 3、4 月號

不 只 是 溫 柔

——林徽因的美麗與強悍

　　一部「人間四月天」電視劇，讓「五四」人物突然間顯得並不遙遠。透過生動畫面的精心拍攝，梁啓超、胡適、徐志摩、梁思成、林徽因、陸小曼、張幼儀等人的文化風采與情愛糾葛，不再是文學史上冰冷、崇高的記載與描述，而是有血有淚、敢愛敢恨、活生生的呈現。這些「復活」的人物中，又以徐志摩與林徽因最讓人心動與心痛。英年早逝的新月才子，深情的凝眸，熱情的詩篇，使本已名滿天下的徐志摩「偶像」地位更爲確立不搖，可以說，這部以徐志摩爲中心的電視劇，確實把他給拍「活」了；然而，林徽因卻被拍「偏」了，而梁思成更是被拍「傻」了。事實上，梁思成不僅在建築方面有不凡的才情與成就，而且擅長繪畫、木工、雕塑，酷愛音樂和體育，生性幽默又不失理智，絕非劇中愣頭愣腦的書呆樣；至於林徽因，也不是一逕楚楚可憐，弱不禁風，似乎總在愛情漩渦中打轉，爲情所困，爲愛煩

惱，應該說，溫柔多情的林徽因是有的，但這只是她的一個側面，如果對林徽因的印象只是如此，那就談不上真正認識林徽因了。

可惜的是，電視劇因為取捨之所需，難以避免地讓觀衆只認識了半個林徽因，因為戲劇是以徐志摩為主，劇情發展只到徐搭乘飛機失事為止，因此，林徽因的後半生無法著墨，她給人的印象也就只能停格在與徐志摩痛澈心扉的愛戀糾纏，一往情深上。沒有人會懷疑，是徐志摩為她開啓了文學（特別是寫詩）的性靈，帶領她走進唯美浪漫的藝術世界，而徐志摩的死，可以說，也帶去了她一部分感性唯美的氣質。志摩死後的林徽因，她的主要才華與性靈，大部分都投注到了艱辛的建築學研究與實地考察上。感性的林徽因與理性的林徽因，在我看來，徐志摩的死恰好成了一道分水嶺，而如果只認識溫柔感性的林徽因，那將是美麗的錯誤。

林徽因的美麗外表與出衆的氣質，早為時人稱道，而有「第一才女」之稱。也許是偏見，我總認為，單靠溫柔美麗是成不了才女的，所謂「才女」，除了才貌雙全外，她的性格中必須有其堅毅、強悍、獨立、勇敢的一面。以林徽因來說，風花雪月的浪漫她過得，烽火血淚的艱辛她也忍得；在熱鬧的文藝沙龍「太太客廳」中她高談闊論，如月般被衆星包圍，但在窮鄉僻壤的李莊，渺無人跡的荒寺古廟中，他抱病考察，專心著述，一樣甘之如飴。這種不會被外在險惡環境打敗的韌性，以及耐得住學術的冷清和寂寞的信念，正是秀外慧中的林徽因最可貴與最難能的情操。她最美麗的面容，不是淚珠雙垂、詩意朦朧的多情眼眸，而是疾病纏身、仍徹夜工作的傲眉清揚。抗戰八年的無情洗禮，失

去健康的死亡威脅，貧困交加的生活重擔，讓這位才女美麗動人的一面眞實地顯現出來。她在 1946 年 2 月致費慰梅信中說道：「我們的身體受到了嚴重的損傷，但我們的信念如故。現在我們深信，生活中的苦與樂其實是一回事。」這樣的林徽因是眞實的林徽因，是不愧爲才女的林徽因。

　　雖然一身詩意，掩不住的多情多感，但林徽因在重要時刻的人生選擇，總是理性壓過感性。這或許與她身爲長女有關。她出身名門，父親林長民的開明、博學、多才多藝、愛國心切等家族傳統，對她自有潛移默化之功；舊式傳統母親的忍氣吞聲與不爭氣，也讓她對自己身爲女性的角色多所醒覺。父親的橫死讓她開始獨立，面對現實。在浪漫的徐志摩與拘謹的梁思成之間，她的選擇不能說不是理智的勝利。徐志摩的死，讓她一無牽掛地追求自我人生價值的實現。梁從誡說：「她總有新的追求，極少以傷感的情緒單純地緬懷過去。」由此可以看出她強者的性格。她的好強源於自負與自傲，當她發現有個男作家叫林微音，他就由「徽音」改名爲「徽因」，她的理由是：「我不怕人家把我的作品誤爲林微音的，只怕日後把他的作品錯當成我的。」這份自信與好強，使她一生固執地追求自己精神的獨立，不隨大潮，不失個性，對於世俗閒語，她也能置之度外，磊落自在，如與徐志摩、金岳霖間心靈相契、不入流俗的親密情誼，她的表現即使在今日也仍可算是新女性的作風吧！

　　林徽因的一生追求美與精神上的豐盈，爲達此目的，她自有其堅持，如對文學，她十分愛惜羽毛，「朋友們不向她索稿，她是輕易不發表」。她於三〇年代初才涉足文壇，短短幾年中才華畢現，創作體裁涉及詩歌、散文、小說、戲劇等多種形式，而且

篇篇珠玉，一時飲譽北方文化圈，然而，作品的數量少，而且並無結集，使她長期以來在文學史上寂寂無名。這除了以建築為主、文學創作僅為副業的選擇有關外，她自求甚高，不輕易動筆的心態也是主因之一。她很清楚知道自己的才華，也盡情地燃燒，不計較地付出，忍人所難忍，遂造就她短暫一生卻光芒四射的動人形象。例如在當時貧弱的中國，建築學的概念對大多數人仍很陌生，她的探索與呼籲，有時不僅不被理解，甚至於被誤解、曲解，但她絕不動搖。1945 年，她被醫生警告最多只能活五年，卻在死亡陰影籠罩下，奇蹟般地堅持到 1955 年，以過人的意志力，向死亡下戰帖，努力爭取分分秒秒的時間充分運用，在病床上授課，讓學生抬在籐椅中去看展覽等。尤其是設計國徽、人民英雄紀念碑的過程，她可以說是嘔心瀝血，奉獻出生命最後的一絲氣息。這時的林徽因，早已不是在康橋河畔青柳下對生命與愛情編織夢想的美麗少女，也不是寫著〈笑〉、〈深夜裏聽到樂聲〉、〈情願〉等優美詩篇的浪漫詩人，而是以強悍的生命力為藝術內涵與民族形式奮戰的堅毅女子。

　　現在，這位集浪漫與理性於一身，學貫中西，文理相通，兼具詩人與學者文化氣息的才女，她的文集已有了完善的整理，她一生傳奇的事蹟也有了傳記問世，可以說，她過多猜測的神秘面紗已逐漸褪去，而她長期的冷清與寂寞也得到了公平的對待（雖然似乎又籠罩上了另一層過於美好、多情的溫柔形象）。立緒出版公司「百年家族」系列的《林徽因》一書，則讓林徽因的一生有了更為詳盡與精彩的呈現。和坊間其他傳記不同的是，作者突出了家族史的描寫，特別是花了不少篇幅來說明林長民的事蹟、想法及其對林徽因產生的影響，甚至於追根溯源到林徽因的祖母游氏，這位

同樣好讀書，工書法，擅女紅又貌美的大家閨秀，顯然已將才女傳統隔代遺傳到了林徽因身上。這樣的背景探掘，別開生面地讓我們對林徽因的氣質養成與性格塑造有了更爲深刻的認識。

　　不僅如此，對林徽因一生中幾次重大的轉折，如與徐志摩之戀、八寶箱事件、選擇梁思成的心路、文學創作的評價、抗戰時期生活的艱難、抱病工作的精神、死後的寂寞與重新被發現的過程等等，本書都以實證的態度做了詳盡的剖析，對林徽因靈魂深處的精神苦難，也能透過深層的開掘，讓讀者從中看到「靈魂的顫動」。學人／作家傳記最重要的文化使命是重塑文化人格，要做到這一點，實錄精神的堅持是必須的，因爲，傳記的靈魂正是眞實性，如果放逐了眞實性，則其必然的命運是自身也將爲大衆所放逐。在兼顧學術性的前提下，力求創新，獨闢蹊徑，也是成功的學人傳記所不可或缺的。傳記文學吸引人之處，在於有作者個人的筆調、個性與見解。維吉尼亞·伍爾芙曾說過，傳記是「難度最大的」，「一方面是眞實，另一方面是個性」，這個性指的就是創新。本書作者對此顯然有所自覺，從材料的編排、文句的刻劃到焦點的選擇，作者都做了精心的設計，如本書開篇以七十年前林、梁二人於加拿大結婚的照片切入，揭開傳記的序幕，就是一次生動的演示；又如梁思成自美學成歸國，準備開始其一生的建築事業，作者也採取了類似手法，以1929年，東北大學教職員宿舍樓前坐著一排年輕人面向鏡頭開始談起，這些靈動的剪接手法，使本書擁有較高的可讀性，也充滿了新意。

　　在文學創作上才華洋溢；在建築學研究上千里跋涉，嚴謹考證；在國難當頭時刻，不投奔海外；面對古城的被破壞，痛心疾首，奔走呼籲；在病情惡化之際，不忘教育傳薪；這就是林徽

因。而在生活瑣事上不耐煩，有時心直口快，這也是林徽因。很高興作者沒有將傳主「美化」或「淨化」，而是實事求是地為我們描摹出一個真實、完整的林徽因：既有讓人心折的溫柔多情，也有令人動容的強悍與堅持。當然，一部傳記能具有豐富與精彩的人性詩意，作者之功不可沒外，還得靠傳主本身的豐富與精彩。像林徽因、梁思成、徐志摩等「五四」人物，都是具有全面的人文素質的文化精英，也是值得驕傲的「文藝復興式」的人物，他們的成就與人格，確實值得仰望。

一代才女林徽因，曾經眾說紛紜，如今，這些傳說的迷霧已經撥雲見日，林徽因真正的美麗與才氣，沒有人能夠忽視其存在，因為，歲月已經推敲，歷史已經汰洗，她的魅力將一如春日明媚的陽光，溫暖著每個追求愛與美的性靈，得到靈魂的騷動或平靜。

——本文為立緒出版公司之《百年家族：林徽因》一書之序言，

並發表於《明道文藝》2002 年 5 月號

中國現代小説中的成長意識

——以郁達夫、丁玲、巴金作品爲例

　　本文所指涉的「現代」，是以 1917 年至 1949 年爲界，亦即一般文學史家所言的「現代文學三十年」所涵蓋的時間跨度。至於成長意識，是一複雜的概念，在本文中主要是指一種心靈覺醒的狀態，思想啓蒙的精神，以及由此而生企圖改變或超越現況的突破與選擇。意識的形成，都是來自於現實經驗的反映；而成長，除了受到自我生命經驗積累的制約外，也無可避免的會與外在社會環境的氛圍產生千絲萬縷的錯綜關係。限於編者命題與篇幅限制，本文將無法對整個三十年作一全面的觀照，而只能抽樣選取郁達夫、丁玲、巴金這三位在我看來頗具代表性的作家，就其小說中所呈現出的成長意識加以述介。

　　郁達夫的第一本小說集《沉淪》，同時也是現代文學史上第一本個人短篇小說集，於 1921 年在上海出版。正如他在〈自序〉中所說，這是「描寫著一個病態青年的心理，也可以說是青年憂

鬱病的解剖,裏邊也帶敘著現代人的苦悶——便是性的要求與靈肉的衝突。」事實上,情愛的追求與失落,感官的壓抑與滿足,這之間交織成一個複雜難解的龐大試鍊網,大部分年輕人的成長啓蒙主要來自這部分的切身經歷。對愛嚮往,對性好奇,試圖衝撞禁忌,渴盼成為「大人」的模仿動機,都使得性/愛自然而然地變成開啓「初解人事」世界的鑰匙。

《沉淪》中的主人公二十一歲,是從中國到日本留學的青年,他對因缺乏愛情滋潤而覺如槁木死灰般的生活極不滿意,心中吶喊著「我所要求的就是異性的愛情!」他以自慰、性幻想、偷看旅館主人女兒洗澡、窺伺男女在野外親密幽會等方式,來發洩其青春期對異性肉體的早熟渴求。身處異國,愛情又只能是一場春夢,這使得主人公在變態、病態、自我戕傷且自卑多疑的心理下,過著「孤冷的可憐」的生活,自我放逐到「與世人絕不相容的境地」,最後,他竟走到「賣酒食的人家」,而在醉酒後與一個十七八歲的侍女發生關係,這使他頓生羞愧、後悔的極大痛苦,生命至此已走到一個困境,而他的解脫方式竟是跳海自殺,以身體的毀滅來見證自己心靈的覺醒。

當然,如果只是求愛不得,他是不一定會走上絕路的。郁達夫創作這部抒情意味濃厚的心理小說,特別之處是與家國命運做了聯繫。小說中的主人公在日本感到備受歧視,尤其是因中國積弱不振導致他在愛情追求上的失敗,在小說中著墨甚多。例如他與侍女交談,侍女隨口問他是那裏人時,他竟「全身發起抖來」,因為必須承認說「我是支那人」,而「支那人三字,在日本,比我們罵人的『賤賊』還更難聽」,為此,他幾乎掉下淚來,而在心中吶喊:「中國呀中國,你怎麼不強大起來!」這種

「也爲神州淚暗彈」的情緒，可以說直接導致他最後跳海的命運。《沉淪》結尾那幾聲哀嘆：「祖國呀祖國，我的死是你害我的！」「你快富起來！強起來吧！」「你還有許多兒女在那裏受苦呢！」揭示了這部小說的中心意旨。正因爲郁達夫寫出了當時廣大青年渴求愛情、痛心國是蜩螗的心聲，一時風行，「吹醒了當時無數青年的心」（郭沫若語），而在二〇年代形成一股「郁達夫熱」。透過肉體的洗禮，主人公在精神上覺醒；因爲家國命運的衝擊，他在思想上成長。這種「成長」模式，在二、三〇年代小說中屢見不鮮。

丁玲的名篇〈莎菲女士的日記〉，也是一篇以「自我表現」爲中心的小說，可以說是與《沉淪》神似之作。這篇同樣「驚世駭俗」的小說，於 1928 年 2 月發表於《小說月報》。題材的大膽，描寫的深刻，與《沉淪》相互輝映。小說採日記體，以莎菲和南洋闊少凌吉士的愛情爲主線，穿插她與性格怯懦的葦弟的關係爲副線，通過直接、袒露的兩性描寫，生動塑造出這個在五四浪潮衝擊下走出家門、追求新生活又被社會逼上絕路的知識女性苦悶、徬徨的掙扎心理。

小說中的莎菲，瘋狂愛上外貌英俊的凌吉士，渴望得到他的愛：「假使他能把我緊緊的擁抱著，讓我吻遍他全身，然後他把我丟下海去，丟下火去，我都會快樂的閉著眼等待那可以永久保藏我那愛情的死的來到」，「假使有那末一日，我和他的嘴唇合攏來，密密的，那我的身體就從這心的狂笑中瓦解去，也願意。」爲了得到這份愛，莎菲運用各種手段，變態的心理，失常的舉止，有時令人難以理解。最後凌吉士終於吻了她，短暫的滿足之後，她卻感到更大的失落：「我同時鄙夷我自己了！於是我

忽然傷心起來，我把他用力推開，我哭了。」她覺醒到「我是給我自己糟蹋了」，因此在小說結尾，她「決計搭車南下，在無人認識的地方，浪費我生命的剩餘」，要「悄悄的活下來，悄悄的死去」。就這樣，一個對愛傾注全部生命的新女性，卻在經歷了不滿、追求、滿足、失望的心理歷程後，走上自我放逐、毀滅的道路。

和郁達夫《沉淪》相同的是，小說中的主人公都渴望愛，追求愛，但也在愛中失落／失敗。異性肉體的接觸，則在其中扮演了成長、覺醒的觸媒。這兩部作品，可算是「自敘傳」小說的雙璧。通過人物靈魂深處的真實剖白，以強烈的藝術力量震動文壇，為「個性解放」的時代帶來清新的空氣，從而喚醒了無數年輕男女的心，堪稱「成長小說」早期的代表之作。

小說具有鮮明社會寫實風格的巴金，無疑的，《家》是他最影響最大、也最被稱道的一部代表作。1933 年 5 月由開明書店出版的《家》，是《激流三部曲》的首部，內容敘寫五四時期發生在成都一個封建大家族內部新舊衝突的悲劇，主要是透過高家第三代三兄弟覺新、覺民、覺慧的婚姻愛情，與封建宗法制度的衝突，來呈現出一個腐敗、虛偽的「黑暗王國」分崩離析的過程。所謂「家即社會」，巴金是將高家視為整個社會的縮影來寫，企圖反映出當時中國社會的真實狀況。

高老太爺是整個家族的權威象徵，主宰全家，不容挑戰。第二代的克明、克安等人則是十足敗家子。唯有第三代的年輕人，特別是覺慧，對舊禮教不滿，進而挺身反抗，不僅敢公然違背高老太爺的命令，而且積極參與學生運動，愛上婢女鳴鳳，為這個死氣沉沉的家帶來新生的力量，也同時促成這個黑暗家族的瓦

解、崩潰。小說中格外具有警世意味的是鳴鳳之死與最後覺民、覺慧離家出走這兩節。鳴鳳不過是個十七歲的天眞少女，高老太爺卻要將她送給「孔教會」會長馮樂山作妾，她一心愛著覺慧，最後選擇跳湖自殺，以死明志。她的死，既是殉其所追求的眞愛，也是殉其所處身的吃人禮教。她因為愛，而覺醒到自己即將面臨的噩運，同時又能以勇敢犧牲來改寫自己的命運。跳湖之前，她低聲喚道「三少爺，覺慧」，「這叫聲雖然很低，但是它的悽慘的餘音已經滲透了整個黑夜」。這種不向黑暗低頭的精神，看似無言，卻是深沉有力，個人與社會的向上昇華、成長，盡在其中。

至於覺民、覺慧在看穿了封建勢力不可改變的本質後，做了離家出走的決定，與舊制度徹底決裂。在迎向革命新理想的同時，他們的生命也得到了成長、新生的洗禮。覺慧向舊家庭告別的一幕，應該是現代小說中極具社會意義的一種宣示：「一種新的感情漸漸地抓住了他，他不知道究竟是快樂還是悲傷。但是他清清楚楚地知道他離開家了。他的眼前是連接不斷的綠水，這水只是不停地向前面流去，它會把他載到一個未知的大城市去。」十八歲的覺慧，「最後一次把眼睛掉向後面看」，輕輕說了一聲「再會」，就再也不回頭，只是看著永遠前流的綠水。一個新的生命於焉誕生，成長的意義也於焉完成。

現代小說中流露強烈成長意識的作品當然不只這些，如錢鍾書《圍城》中的方鴻漸，在不斷的流浪過程中，認清了婚姻的眞相；又如沈從文《邊城》中的翠翠，如何在一連串的誤會之後，堅持自己對愛情的等待與嚮往；蕭紅〈小城三月〉中的翠姨，憧憬自由、愛情與幸福，雖然最後以年輕的生命殉了自己的愛情，

但她確實是一位努力衝破禮教桎梏的覺醒者。像這一類描摹困境與掙扎的作品，在某一個層面來說，都可算是「成長小說」了。

人的意識不僅反映客觀世界，且能創造客觀世界。不管最後的人生理解，是消極、放逐，還是積極、前進，企圖改變、突破與超越，永遠是人為了安頓心靈所不得不永恆追求的思想課題。而在追求的過程中，他進一步認清自己，也更深刻地認識這個世界。小說故事中種種悲歡離合的美麗與哀愁，不僅是文學關懷的主題而已，它也是人們心靈成長的真實反映與見證。尤其是人物在艱困、苦難中掙扎、蛻變、成長的努力與軌跡，實值得我們細細追索，深深反省。

——《幼獅文藝》2000 年 6 月號

邊　緣　發　聲

——澳門文學與世界華文文學

　　「澳門文學」的被「發現」是八〇年代以後的事。這或許與澳門經濟的飛躍發展，教育文化的明顯提昇，大量新移民的湧入，以及九九回歸的政治效應等因素有關。對澳門這個面積只有二十多平方公里、人口四十餘萬的小城市而言，自八〇年代以來，由於上述諸多因素的聚合推衍，其最直接、也最重要的影響，是家園意識的增強，本土認同的擴大。當「過客」心態逐漸被拋棄，「草根性」力量逐漸抬頭之後，文化心理的自主性，乃至於文學地位的主體性，才因此成爲可能。大陸學者楊匡漢說：「當一個地區、一座城市找到自己文化格局的時候，就意味著找到了自身的生命定位和精神品格，也就有了令人尊敬的理由。」從這個角度來看，歷經二十年「新文學運動」的澳門文學界，其累積的成果，展現的活力，特別是在澳門文學形象的建立與主體性格的成功塑造方面，我們已有充分的理由認爲：澳門不是文化

沙漠,不是文化碼頭,也不只是文化橋樑,而是擁有自己獨立地位、自主面貌且形象日益鮮明的豐饒之島,文化之城。對澳門文學的表現,要不要尊敬是個人的自由,但值不值得尊敬卻不是「自由」可以任意打發的。不論從文學作品的審美判斷,還是文藝思潮的軌跡追索,文學運動的多元觀察,我必須說,時至今日,對澳門文學有意或無意的忽視,都是不公平的,而且可能會是自身文學開展、格局與視界的一種損失。

　　1999 年的澳門回歸,其實只是一場政治權力交接的演出,對澳門人／文化而言,四百年來就不曾離開過中華文化的主體。葡國政府在教育文化上的無所用心,恰恰讓澳門長期處於兩種文化的激盪並存中。對中國大地上的種種變化,澳門以其地理位置上的接近,無法置身事外,從抗戰、太平洋戰爭、文革到新時期的改革開放,澳門時而成為避難文人的「武陵桃源」,時而成為文學思潮的中介碼頭、輻射場域。緊密連接的地理特性,使它「不離」於中國主體文學,但南方一隅的偏遠位置,同時使得澳門文學與大陸文學始終有種「不即」的邊緣性格。這種不即不離的地理特性,使澳門自明末以來,因緣際會地成為「歐風東漸的突破口所在」(季羨林語),成為歷史上「沒有關閉的窗口」(王蒙語),其影響所及是政治、經濟的,也是歷史、文化的。隨著香港的崛起,澳門地位的重要性受到削弱,甚至被取代,原本不即不離的處境變得更加邊緣化,其影響所及仍是全面的,文化／文學因此長期處於滯後的局面。在世界華文文學的家族中,澳門文學也因一直缺乏鮮明的面目與有力的聲音,而和香港、馬來西亞、新加坡、菲律賓等地蓬勃的華文文學發展,有著一段不小的差距。

　　這種滯後的差距，在八〇年代以後終於有了改變，而且這種
改變使得世界華文文壇再也不能對澳門文學「視若無睹」。作為
「後起之秀」，它的成長速度與進步幅度令人驚訝。以筆者個人
切身的感性經驗來說，自 1989 年起，我幾乎每年去一趟澳門省親
（因為我是澳門女婿，算是半個澳門人吧！）初期在書店能看到的相關書
籍真的很少，大概只有《澳門古今》、《澳門文學論集》以及五
本由雲惟利主編的《澳門文學叢書》而已。每次到澳門，我一定
去「澳門文化廣場」搜尋購買有關澳門文學的書籍，隨著次數漸
增，開始看到較多的書刊，如《澳門筆匯》、《澳門寫作學
刊》、《蜉蝣體》等雜誌，令人驚喜；而《流動島》、《有情天
地》、《鏡海情懷》、《澳門新生代詩鈔》、《澳門小說選》等
專集，使我對澳門文學的特色與面貌有了大致的認識。但這些成
果的呈現，實在說是極有限的，和香港的質量相比，有待努力的
印象是深刻的。然而，大約在九〇年代中期以後，澳門文學像一
匹奮步直追的快馬，每年總讓我有眼睛一亮的作品出現，尤其是
由澳門基金會推出的《澳門論叢》、《濠海叢刊》兩套系列叢
書，編印精美，內容豐富，視野開闊，完全打破了澳門是文化沙
漠的錯誤印象。《澳門華文文學研究資料目錄初編》、《從作品
談澳門作家》、《澳門離岸文學拾遺》以及《澳門小說選》、
《澳門散文選》、《澳門新詩選》等書，充分說明了澳門文學界
的自覺意識和因此而生的豐碩成績。我從中嗅到了澳門文學春天
的一股氣息。

　　至於九九回歸的政治效應，對文學層面的影響也是立即而具
體的。單是 1999 年，就有三套大型叢書出版，為澳門文學二十年
來的成果做了一次階段性的總結。其中規模最大的是一套二十冊

的《澳門文學叢書》，包括小說卷、詩詞卷、散文卷、評論卷和青年文學卷，老中青三代作家，土生華人、土生葡人、海外及大陸移民等不同文化背景，都在這套由澳門基金會、教科文中心、中國文聯出版社聯合出版的套書中留下深刻、多元、生動的記錄；其次是由遼寧教育出版社出版的一套五本《澳門人文叢書》，包括李鵬翥《澳門古今》、吳志良《東西交匯看澳門》、黃曉峰《澳門現代藝術和現代詩論評》、陶里等《水湄文語》、劉原《澳門寫真》；第三套叢書是在九九回歸前由人民日報出版社出版的《澳門文學袖珍叢書》，共收陶里《等你在冬季》、林中英《相思子》、凌鈍《你一定要來澳門》、林玉鳳《咖啡檔》等四本散文著作，是每本約五萬字的小開本口袋書。這些叢書的出版，不僅說明澳門文學主體性格的日益鮮明，而且也向世界華文文壇展示了澳門文學的豐富性、多元性與無限生機。

澳門文學的生機，尤其表現在新生代青年作家的崛起與對文學創作的自覺突破和勇於嘗試中。林玉鳳、廖子馨、寂然、梁淑琪、梯亞、黃文輝、沈尚青、馮傾城、周麗娟、毛順好等人在創作上都有令人眼睛一亮的表現。特別值得一提的，是由廖子馨擔任責任編輯、澳門日報出版社出版的《非常正經系列》叢書，這些報端專欄文章結集的文學書籍，多由年輕人執筆，已出版了小說集《撫摸》（寂然）、《雙十年華》（寂然、梁淑琪）、散文集《雌雄同體》（沈尚青）、《娃娃臉》（胡悅）、《愚樂版》（梯亞）、《見習閒人》（王禎寶）等多冊，編排設計用心，新生代的聲音匯成一股不容小覷的新潮流，也爲澳門文學的生機注入活水。新生代作家在創作（特別是詩）上多半有較強烈的自覺意識，也願意在技巧突破上用心，如梯亞、寂然的小說，齊思、林玉

鳳、黃文輝等人的詩作，都有現代主義、甚至後現代主義風格的嘗試。

回歸前夕，由福建社科院劉登翰教授主編，李觀鼎、莊文永、廖子馨、汪春等人合作撰寫完成的《澳門文學概觀》（鷺江出版社，1998 年），則對澳門文學的歷史、現狀與發展，做了歷史、文化、文學等方面的學術探討，第一次全面、系統地為澳門文學進行整體描繪與述介，其開拓性的奠基地位不容忽視。當有了文學史性質的專著問世，澳門文學的獨立性自然也得到了有力的確立。

可以說，澳門文學自八〇年代起步至今，在世紀之交已經完成了自身命名與定位的文學使命，不再是漂流的過客，而是家園的守護者。也許永遠只能在邊緣，但邊緣發聲的力度與廣度與日俱增。在世界性與民族性的生存空隙中，澳門作家與研究者，已經找到了回家的方向，家在腳下，家在心中，家在不斷書寫、上下求索的筆端。他們過去的成果，使澳門文學成為世界華文文學家族的一支，而未來的努力，相信能讓澳門文學這塊「新園地」的青青新苗，向小城之外開枝散葉。當然，如果要嚴格地要求，澳門文學界的確尚未產生足以影響世界華文文壇的作品，對澳門歷史文化的深厚內涵，風土人情的複雜景觀，多元共存的族群面貌，以及文學藝術自身的轉化與範式的完成，都還有待澳門作家們以更寬遠的視野、更投入的熱情、更嚴肅的態度來面對與耕耘。

是的，不斷耕耘。昔日的沙漠已成今日的綠洲，綠洲雖不大，卻有奇卉異草，麗花碩果。從東方的梵蒂岡到東方的蒙地卡羅，澳門文學的勃興是否預告著下一個具代表性人文景觀的到

來？我們不敢過於樂觀，但卻充滿期待。

—— 《文訊》雜誌 2002 年 5 月號

聽 見 花 開 的 聲 音

——第四屆澳門文學獎小說作品觀察

一、從邊緣發聲：不該被忽略的澳門文學

雖然澳門現代文學的誕生與發展，可以追溯到三〇年代中後期，但澳門文學主體性的自覺建立，一般認爲是在八〇年代以後。換言之，在世界華文文學家族中，它可以算是相當年輕的一員，然而，二十年來所累積的豐碩文學成果及多元秀異的文學表現，我們必須得承認，澳門文學早已是世界華文文學重要且不可或缺的一環。但不可諱言的，也許是起步太晚，也許是文學人口尚待培養，也許是香港文學光芒的掩蓋，澳門文學長期以來一直處於邊緣、被遺忘的狀態，這當然是不公平的，甚至是一種巨大的損失。

做爲一名台灣學者，我長期關心澳門文學，也陸續閱讀了一些創作文集和評論文章，而這次應邀擔任第四屆澳門文學獎小說

組的評判，我得以較全面、深刻地認識澳門的文學（特別是小說），對我來說，是一次難得的機遇，也是一次愉悅的文學經驗。我看到了主辦者的用心，文化單位的支持，社團刊物的配合，以及許多前輩作家的提攜風範，新生代寫手們對文學創作的熱情與投入，這才讓我真正的、切身的、近距離地「認識」了澳門文學。我不得不說，澳門文學的過去，因為種種原因也許被忽略了，但它的未來將會充滿希望，這一點是可以肯定的。

二、回歸與開拓：評判的標準與期待

本屆小說組的評判由暨南大學中文系博士生導師饒芃子、北京大學中文系教授王岳川及筆者三人擔任。參賽作品計有四十二篇，且多在萬字以上，又具有一定審美水平，這對澳門這個小城來說，應屬難能。三位評判不僅細讀所有作品，而且對前幾名的作品更是斟酌再三，也許是主辦單位的精心安排，我們三位評判在年齡層、學術研究專長、訓練背景與對文學的審美觀點上，有著不可避免的歧異性、多元性，因此，評判會議從晚上九點一直進行到近十二點才結束。透過不斷的討論、對話及爭辯，取得共識。這個過程，對筆者來說，除了是一次有趣的經驗，也是一種文學觀念的激盪與教育。努力異中求同的結果，我們總算完成了這次富有意義的工作，也順利地挑選出得獎的作品與名次。

身為文學競賽的評判，我們有義務將評判們共同的審美標準、對小說的視野期待等看法，向讀者們做一簡要的說明。大致來說有以下四點：

1、回歸小說基本面

不論採用何種敘事技巧，也不管現代或後現代，寫實還是新

寫實，小說作為一種獨特的文學樣式，它有其自身的審美形式與藝術規律，透過完整的故事情節和具體的環境描寫，來塑造人物形象，反映社會生活，思索生命意義。一篇成功的小說，應該從形式到內容，從思想到情感，能予人以啓發，以感動，以提昇。要達到這樣的作用（目的、效果），小說寫作者必須在題材上推陳出新，避免類似的腔調或重覆的素材，本屆參賽的四十二篇中，至少有二十二篇是以愛情爲主題，份量過多，在題材選擇與表現上似乎缺乏較大的開拓性；此外，塑造鮮活的人物，做到多圓形人物，少扁平人物，多生動的人物典型，少陳腐的人物類型；運用準確的語言，對漢語特性有純熟的基礎認識，少寫錯別字；對小說虛構本質的發揮，有一定的把握；在敘事語言上，不宜過多說明，而應多在描述上下功夫，多 show，少 tell，作者跳出來說話的現象尤應避免。以上這些要求，都是一篇好小說的「基本功」，也是我們衡量小說起碼的要求。

2、看到創新的可能性

具有實驗性、創造力，提供讀者審美上的各種可能性，是我們對年輕的文學獎的期待視野。特別是參賽者以年輕人居多，年輕人最具有創意與實驗的勇氣，在這方面的表現應更值得期待。我們希望看到更多的敘事模式、表現技巧，而不是以傳統寫實手法爲主，也希望不要複製前輩作家的「典範」（或者是儘量跳脫、避開）。以獲得優秀獎的〈婚宴〉爲例，作品採三段式拼貼呈現手法，藉一男二女在婚宴上不同的心理獨白，刻劃三角戀情的複雜感受，愛與被愛，理智與任性的情緒變化，有不錯的表達。但若不健忘的話，第三屆冠軍作品〈在迷失國度下被遺忘了的自白錄〉已有著類似的表現手法與題材。此外，前輩作家周桐的小說

〈勝利者〉雖不是明顯的三段式寫法，但處理的題材頗為類似。在創新性的考量下，這篇作品在名次上自然就會受到影響了。

3、對澳門文化、歷史、風情的呈現與反思

作為澳門最具代表性的文學獎，我們盼望能看到屬於澳門獨有特色的探掘與反映之作，例如殖民期間的各種複雜關係，華人、葡人、土生之間，祖國、本地、回歸等時代議題、重大事件，種族衝突與融合等，這些正是澳門文學在世界華文文學中可以突顯的特色之一。這類題材作品若處理得當，我們自然會給予較高的名次。過去三屆小說作品其實不乏此類之作（暫且不論優劣），但很可惜的，本屆卻幾乎未見。對許多小說作品而言，「澳門」只是一個「背景」，而處理的題材仍多半集中於書寫人性、婚姻、情欲等無國界（地區）色彩的普遍性生活（生存）課題與現象。當然，這類題材要寫得深刻並不容易，但這正是澳門作家創造澳門文學的挑戰，也是責無旁貸的使命，不是嗎？設若自己都不能、不願去面對、處理澳門文化或歷史的相關題材，而企望「外人」來關心、寫作這方面的作品，只怕是緣木求魚。其實，在許多前輩作家筆下已有一些這類作品，至於新生代觀察與反思的聲音，我們希望未來能多多聽到。

4、發揚人性精神，肯定人生價值

好的小說，不只提供讀者故事，也提供意義；不只是「揭發」，更要給讀者「啟發」。也就是說，文學作品除了「為藝術」的功能外，適度的「為人生」也是必須的。對人性的複雜面，能多發揚其正面的精神；對人生的積極價值，如果可能，也要不吝於讚賞。雖然文學不一定要負擔許多沉重的使命，但若能在藝術與人生之間取得充實的平衡，相信對社會人心都將有滌

清、喚醒、引導的作用。本屆作品中，有些刻劃人心幽黯、不正常社會現象，或是將感官極大化特寫的篇章遭到淘汰（如〈性的剪影〉），主要的原因即在於暴露有餘，反思不足；作者寫得激動，但讀者卻不一定感動。年輕創作者對此不妨多加思索。

三、青澀黃熟，俱是收穫：入選
##　　作品的觀察意見

　　根據以上的標準，我們慎重地選出了亞軍、季軍與三篇優秀獎。冠軍的從缺，不代表我們對本屆作品的失望，事實上，這些作品和過去幾屆相比，並不遜色，而是我們對這個重要獎項有更高的期許，在累積了三屆的成果之後，我們有理由以更嚴苛的水平來要求後起者。我們相信，做此決定的良善立意與懇切祈盼，能得到所有參賽者的認同才是。綜觀這些寫手們的心血結晶，我覺得仍可算是一次豐收，或許有的稍嫌青澀，但有的已然成熟，這些收穫都是可喜、可貴的。以下我想談談幾篇印象深刻的作品，供讀者們參考。

　　亞軍之作〈山慈〉是一篇尋人的告別遺書，虛實相間的技巧穿插，道出了一位小說家高晉平與女侍山慈間不正常的情愛故事，探索了人性中佔有、情欲、墮落、放逐等較陰暗面的深層心理。女主人翁山慈周旋於餐室老闆的肉體虐待與小說家的精神虐待中，最後在與小說家（也是這個故事的敘述者）同居卻日漸因猜忌、多疑、自私而分手，故事以山慈變成有孕（肚子隆起七、八個月了）的小婦人，與小說家偶遇，小說家覺得「我這美麗、誘人墮落的天使已死」作結，然後再附上一篇〈編後記〉交代小說家後來跳海自殺，此編者說明以林沅署名，說明這篇小說由他整理而

成，並將小說家的遺書附錄於後，表達至死對山慈不變的深情。整篇作品在形式結構上極爲用心設計，敘述者不時現身，邀讀者參與的寫法，具後設小說的色彩；對於人物的心理描寫也能透過動作、場景來呈現，技巧嫻熟，許多段落的譬喻生動，增添不少可讀性，如「瓜子雨」一段，將二人的不同性格表現出來，令人激賞。但結局的處理，包括自殺的說服力並不夠，以及因山慈懷孕就覺得「已死」的牽強，是小說可以再斟酌之處。

也許是巧合吧，獲得季軍的〈尋找遠方的樂章〉也是一篇處理愛與生死問題的作品，藉一位不出場、面目也稍嫌模糊的亞健之車禍身亡，造成三個人的改變：深愛亞健的兩位女孩，一位成爲行屍走肉、失去生命的希望，一位則在哀傷中逐漸站起，獲得再生的力量；另一位亦師亦友的黃生，曾經一度迷惘，但最後也得到重生。全篇以一盒錄音帶爲焦點，無聲卻勝有聲，現實、記憶與幻覺交融如一首繁複的旋律，技巧也純熟，意識流的描寫使人物性格鮮活。整體結構完整，結尾安排有餘音，令人回味。不過，敘事上依靠大量自白來交代情節的進行，過於直接，動人力量減弱不少。

同爲季軍的〈永遠的夜〉，是一篇以早婚年輕男子尋找「出口」的心理刻劃爲主線的作品。覺生二十六歲結婚，太早的安定讓他渴望激情，他覺得孤獨，想一個人生活卻又害怕一個人的寂寞，尤其是與未婚的朋友阿夕、阿偉在一起喝酒時，他內心更是矛盾與掙扎，有後悔也有羨慕，但他不敢眞的付諸行動，只能在想像中尋找滿足與發洩，直到在酒吧遇到女子 Ivy 並發生關係，他本已死的身心卻在這一次外遇中「復活」，並且準備「棄妻」。這其實是很驚悚的結局。全篇敘述生動，結構也完整，但

結尾過於倉促，妻子的反應、他心理的轉變，都應該再深入發揮。

　　獲得優秀獎的〈涼月夜〉以「我是誰」為主軸（但其實表現得不夠鮮明），敘寫一暗相思的青年愛上大他五歲、老師的女友梁夜月，同時也與女友 Anna 交往，最後竟發展成男老師對他的同性之戀，探討了虛假面具下不堪的真實。表現技巧尚可，在對話處理上較出色，瑣碎而情緒化的敘述，表現出心理的轉折，而聽話者並未出現。結構上首尾呼應，結局出乎意料，頗具可讀性。至於〈阿萍〉則是包二奶的故事，題材較陳舊，而且以阿萍為題，敘寫的份量卻不夠，是明顯的缺失，不過對主角陳明軒的心理刻劃得生動而有變化，情節緊湊，主題鮮明，結尾有力，是一篇完整的短篇小說。

　　此外，未入名次但也獲評判熱烈討論的還有〈性的剪影〉、〈聚會〉、〈魔鬼·天使·瘋子〉等篇。其中〈性的剪影〉全篇以性為題材，筆觸大膽，道出亂倫、買春、手淫、偷窺、同性戀等各種縱欲的幻想，宛如郁達夫《沉淪》翻版，文中不時穿插名人作家的話語，加上不斷的感官特寫，浮現出深沉的悲哀，最後以「瘋」作結，以幻想起以幻想終，技巧運用出色，文字及意象經營也準確，惜引用話語稍多，有賣弄之姿，而過於露骨與太過集中的性描寫，是否必要？只有墮落頹廢卻缺乏深刻的省思，恐怕也是一種美中不足吧。〈聚會〉的作者善於說故事，也很能掌握人物細膩的心思，寫女主角周代因貧窮、寂寞而追求肉欲、虛榮的異化心理，透過幾位女友的聚會，針鋒相對的對話，將女子相互競爭的拜金意識生動地表現出來，隔了十幾年的聚會，大家都變了，從昔日單純、友誼、重情感到今日複雜、勾心鬥角、重

情欲，這擺脫不掉的「變化」正是這篇小說的主題。結尾甚佳，可惜中間敘述表白太多，直接而賣弄，有時視角轉變生硬。這些競賽過程的遺珠之作，各有擅場，作者們也都才情洋溢，希望他們不要洩氣，寫作畢竟是長遠的事業，堅持是創作者最必須擁有的美德。

四、聽見花開的聲音：欣見小說新生代的湧現

本屆小說得獎者多為新面孔，年輕的聲音讓人看到了活力與希望。澳門小說的發展，論者多認為不如詩歌與散文的蓬勃，關於小說創作滯後的原因是必須嚴肅以對的課題，它牽涉到文學教育、文學市場、出版機制、寫作環境、文化心理結構等複雜的因素，這當然不是這篇評判觀察報告所能（應）探討的。我想說的是，透過澳門文學獎，新生代一一浮現，寂然、梁淑琪、廖子馨、呂志鵬、周麗娟、梯亞等年輕又富潛力的寫手，成熟的姿態已經讓人不能不矚目。從前輩作家手中接下棒子，這批熱情、自覺的新生代，將會在未來繁花似錦、燦爛如星的澳門文學天地裏擁有一席之地。作為澳門文學的觀察者，我對此感到樂觀，同時充滿祝福。

——《澳門筆匯》2002 年第 19 期

輯　　二

從《異域》到
《金三角‧荒城》

——柏楊兩部異域題材作品的觀察

一、奇人奇書：柏楊與《異域》

　　柏楊是個奇人。他的一生歷練豐富，既曾為火燒島中的階下囚，又曾為總統府中執手笑談的座上賓。令人訝異的，倒不是他際遇起伏的傳奇色彩，而是他在文學大地上縱橫馳騁，全方位出擊所煥現出的驚人意志力，以及令人折服的等身著作中處處流露的非凡史識與洞悉人性的深入觀照。捍衛言論與人權自由的耿介不群，以雜文嘻笑怒罵、行走文壇的健談善辯，加上出入古今、評點史事的學深才厚，共同構建了「柏楊」這個在台灣現代文學史、出版史、文化史中響亮發光的名字。

　　在柏楊令人歎服的豐富著作中，《異域》可稱得上是一部奇書。平原出版社於 1961 年以「鄧克保」筆名出版後大為暢銷，「它在只有一千八百萬人口的台灣，十五年間，銷出一百餘萬

册」①，而且「一直是在默默的發行，從沒有一位作家寫過評介，也從沒有在報上刊登過廣告，而完全依靠讀者先生的口碑」②，竟成了「二十世紀最暢銷的報導文學」③。隨著作品的暢銷，它發揮了廣遠的社會影響力，例如 1977 年大專聯考的作文題目是「一本書的啓示」，而《異域》最受學生的重視，「竟名列前茅」④。出版後的十餘年間，經常還「有人寫信來問如何可以去滇緬加入反共游擊隊的行列」⑤。更有趣的是，在一片《異域》熱潮下，至少有七種與《異域》同內容的書籍在香港和臺北出版。馬克騰的《異域下集》、卓元相的《異域烽火》上下集、于衡的《滇緬邊區游擊隊》以及胡慶蓉的《滇緬游擊史話》、李利國編著的《從異域到臺灣》等書，都可以視爲《異域》一書的變形、延伸或補充。如果沒有《異域》一書的巨大影響力，柏楊也不會於 1982 年在中國時報的提議下，親臨《異域》現場，而完成《金三角·荒城》一書。

當然，換個角度來說，柏楊的泰北邊區之行，如果沒有高信疆的有心推動，以及中國時報系的大力配合⑥，恐怕也難以成行。更重要的是，他所寫的《金三角·邊區·荒城》專欄，在中國時報人間副刊上醒目地連載月餘，並且隨即由時報出版公司印行，再一次掀起了「異域」風潮。如果加上李利國在時報雜誌上連載《我在人類文明的生死分水線上》，後由時報出版公司出版；還有曾在泰北難民村教書、寫作的曾燄，她的《美斯樂的故事》、《滿星疊的故事》等書，都在時報出版公司出版。以高信疆與時報媒體爲中心，一股「送炭到泰北」的風潮於八○年代中期以社會運動的形式熱熱鬧鬧地開展，民間甚至成立了「中華民國支援泰北難胞基金會」。這種種的活動與報導，一方面固然是對應著

中南半島政治情勢的演變，一方面是傳播媒體的推波助瀾，但如果追根溯源，柏楊《異域》一書所深入人心的潛在影響力，恐怕也是國內社會如此激昂關懷泰北難胞的動因之一吧⑦。一本十二萬字左右的作品，能生發如此廣大的力量，不能不說是一種異數。

二、《異域》中「難言的隱痛」

　　然而，如果深入閱讀本書，再對應五、六〇年代的特殊時空環境，則此書之暢銷與深遠影響力，其實也是不足爲奇的。王德威有一段評論指出了此中的癥結：

> 鄧克保的《異域》敘述大陸淪陷後，自黔滇撤退至緬北的一批孤軍，如何在窮山惡水的異域裏，繼續抗爭求存的經過。退此一步，即無死所，此書所展現的孤絕情境，扣人心弦；而部分角色知其不可爲而爲之的悲劇意識，比起彼時一片鼓吹反攻必勝的作品，誠屬異數。在反共文學式微之後，此書仍能暢銷不輟，除了得力於討好的戰爭場面及異鄉風情外，恐怕也正因其觸動了一羣讀者難言的隱痛吧？⑧

這「難言的隱痛」，這濃厚的悲劇意識，其實是可以析而言之的。從 1949 年反共文人孫陵在其主編的《民族報》副刊上率先喊出「反共文學」的口號起，反共抗俄，勝利成功的戰鬥意識，在文宣機器的全面啓動下，迅即成爲五、六〇年代文藝思潮的「主流」，1955 年由蔣中正總統提出的「戰鬥文藝」號召，更成爲「整個反共文化的終極意識型態依歸」⑨。五〇年代前期在臺灣島內進行的「清共」和「肅清」，形成白色恐怖，單一思想，統

一口徑。中國文藝協會以「促進三民主義文化建設，完成反共抗俄復國建國任務爲宗旨」的宣示，加上1950年爆發的韓戰，1958年的金門炮戰，臺海情勢的危急，使被納入政治反攻一環的文藝政策必須強調反攻必勝、建國必成的「心理建設」，而「反共」則是一切政策的中心指標。五、六〇年代湧現成千上百這類控訴「共匪」暴行，高呼反攻勝戰的作品，完全反映了政治控制力下的文化現實。

　　《異域》書中即有不少反共、愛國的描述。如「我們不是替別人反共，而是爲我們自己反共，一片血海深仇，和人性上對專制魔王的傳統反抗」（頁83）；描寫孤軍中的史慶勳「膀臂上刺著自己的姓名，以及『反共抗俄』四個大字，和水手們驕傲他們的刺花一樣，他每殺一個共產黨，便在他背上刺下一個五星。」（頁197）反共與愛國在當時是同義詞，因此我們看到這樣的場面：「國旗在軍號聲中，飄揚著，一點一點爬上竿頭，從薩爾溫江上晨霧中反射出的一道陽光，照著旗面，眷屬們都默默的注視著，孩子們也把手舉在他們光光的頭上，我聽到有人在啜泣，接著是全場大哭，國旗啊，看顧我們吧，我們又再度站在你的腳下。」（頁99）因爲愛國而反共，因反共而必須戰鬥，書中對異域孤軍退此一步即無死所的戰鬥意識，也有多處直接的敘述，如「我們從沒有和緬軍作戰過，不知道他們的戰鬥力如何，但，事已如此，除了勝利，便是戰死，我們已沒有第三條路可走了」（頁106）；中緬第二次大戰時，孤軍爲了趕到緬軍迂迴部隊的前頭，以強行軍偷渡薩爾溫江向拉牛山急進的場景，也讓我們深深感受到孤軍以意志作戰的驚人毅力：「我們已經四天四夜沒有休息，弟兄們的眼睛佈滿了紅絲，一半以上的嘴唇都因缺少水份和蔬菜而寸寸

崩裂，有的雙腿已經浮腫，但大家仍拼命的狂奔，我不知道世界上有沒有比我們更悲壯的戰士」（頁225）。這種強烈的反共意識，使《異域》輕易被貼上了「反共小說」的標籤。

「反共」是可以義正詞嚴高喊的口號，《異域》一書最大的成功，並不在此，而是與當時複雜的政治處境、軍事態勢、人事鬥爭糾結在一起的「難言的隱痛」。1949年的大逆轉，有人含冤孤絕，悲憤莫名；有人誓死效忠，板蕩忠貞；有人晚節不保，變節叛降；有人見風轉舵，名利照收。而更多的是妻離子散，顛沛流離，隨著時代的動盪，身不由己的飄泊，落難，甚至命喪異地。異地絕域裏的孤軍，在柏楊的筆下，恰恰成了以上各種人物類型、際遇的縮影，從中而生的是非正邪，褒貶美刺，也成了離亂百姓心中真實感受的投射。而這些感受評騭，並不一定就是「官方說法」，也不一定就不是歷史的真實。相反的，它可能直接道出了大多數人所不敢言、不能言、不願言，可能觸怒當道的一些想法與看法，這些「難言的隱痛」，透過孤軍的悲慘遭遇，都赤裸裸地呈現出來了。這才是《異域》感人的力道所在。

舉例來說，孤軍的一切苦難，都來自於「孤」的身份，被遺棄的孤兒意識，可說貫穿了整部作品，如「你要知道，我們是一群沒有人關心的棄兒，除了用自己的眼淚洗滌自己的創傷外，用自己的舌頭舔癒自己的創傷外，誰肯多看我們一眼。」（頁16）「我們真正是一個沒有親生父親的孤兒，在最需要扶持的時候，每一次都遭到悲慘的遺棄。」（頁212）這棄兒的命運是誰造成的呢？堂皇的說法是「共產黨」，但真正讓他們心碎、心冷的是「祖國」的撒手不顧，或者是心有餘而力不足的坐視不管，因此，我們不斷地看到孤軍們的吶喊：「世界上再也沒有比我們更

需要祖國了，然而，祖國在那裏？」（頁11）「我不是說過我們是孤兒嗎？是的，民國三十八年我們便開始嚐到孤兒的味道了。」（頁27）「難道國家就只剩下我們這一千多人嗎？我們反攻，我們死，是義不容辭的，但我們覺得我們的擔子是太重了，不是我們挑得動的。」（頁135）對在臺的國民政府，他們是絕對誓死的效忠，但是，這被棄不顧的隱痛，卻也是真真切切的啊！特別是當生死交關之際，對「祖國」愛怨交織的情緒就會不自禁地流露出來，如「我不知道身在臺灣的袍澤和我們的長官們，可曾思及我們的弟兄，他們的部下，在含著眼淚，一步一滑，一步一跤，眼中佈著紅絲，身上發著高燒，卻始終不肯放下武器。」（頁92）這字字帶淚的呼號，確實能觸動讀者對當時臺灣所扮演的無力角色的失望與不平。

對比著棄／孤兒意識，「絕不背棄」便成為孤軍相濡以沫的求生法則：「這支孤軍所以能屹立不搖，那是即令在最危急的時候，我們都不出賣我們的朋友，都不背棄我們的弟兄。」（頁167）「任何人都可以在重要關頭遺棄我們，我們自己卻不能遺棄我們自己。」（頁220）棄與不棄，也成為異域孤軍評量一個人忠貞與否的重要準則，例如元江大潰敗後，孤軍撤退入緬的一段敘述，即對背棄弟兄的「長官」憤憤不滿：

> 他們是二十六軍九十三師和二七八團的弟兄，在元江大軍潰敗後，他們突圍的突圍，潛逃的潛逃，向滇西盲目的摸索，一路上，大家稍稍的集合起來，可是，等到發現大局已不可收拾的時候，和他們同時逃出來的高級將領，包括他們的師長、副師長、團長，統統的走了，像一個父親在苦難時拋棄了他的親生兒女一樣，他們拋棄了那些為他們

　　流血效命的部下，輕騎走了。「他們走到那裏去了呢？」

　　「到臺灣去了，」傷兵們衰弱的答，「他們是不愁沒有官

　　做的。」（頁81）

這樣的例子當然還有，如1953年薩爾溫江大戰初起，孤軍幾乎全
軍覆沒之際，「李彌將軍飛返臺灣，其他高級官員都去了泰國和
香港，幸虧有李則芬將軍和我們全軍衷心信託的杜顯信將軍，親
率援軍增援拉牛山，寫到這裏，我有說不出的積鬱和憂傷，我們
真正是一個沒有親生父親的孤兒，在最需要扶持的時候，每一次
都遭到悲慘的遺棄。」（頁211）這「說不出的積鬱和憂傷」，正
是「難言的隱痛」，這心中淌血口難言的無奈、悲苦與蒼涼，是
《異域》一書的基調，在一片反共必勝的文學氛圍中，它確實道
出了許多人不敢／欲言的真相。

　　這個真相的揭露與痛陳，尤以對幾位相關人物的褒貶評價最
為直接而「大膽」。在抨擊某些長官的志節不堅之際，作者也毫
不掩飾地對許多同生死、共患難、大義凜然、節操不移的孤臣猛
將大加讚揚、推崇。這種「忠臣意識」在《異域》書中濃厚而突
出，它一方面說明孤軍對祖國的犧牲奉獻，一方面也藉此對比出
變節者的「不義」，正如作者所言：「當一個人發現用效忠的表
情可以獲得很多利益，誰不表示效忠呢？但是，當他發現繼續效
忠便有危險，那就要考驗他一向是不是真心了」（頁64）。板蕩識
忠臣，「打出另一個比臺灣大三倍的天地，遍插青天白日旗幟」
（頁54）的李國輝將軍；石建中將軍在全軍覆沒時自殺，「是大陸
最後一戰中唯一的一位壯烈成仁的將領」（頁37）；只要再往前走
二十分鐘，便可進入泰國「享受舒服安全生活」（頁97）的譚忠團
長，卻自願留下來與孤軍受苦；中緬大戰時，負傷高喊「向前

衝，我們死也要死在那裏！」的張復生副團長（頁 113）；還有，反攻雲南時，被共軍俘擄的陸光雲，「那位莽張飛型的忠臣義士，在大街上被燒的滾來滾去」（頁 155）；負傷於二次中緬大戰時，以肉搏戰擊敗緬軍的劉占副營長，作者回憶說：「任何時候，一談起薩爾溫江和拉牛山，我都想到那山岳震動的砲火，和劉占副營長那孤忠的和寂寞的背影。」（頁 229）孤忠與寂寞，葛家壁、罕裕卿、田樂天……一連串的名字，就是一連串孤臣孽子的身影。是他們，成就了孤軍的輝煌，也襯映了孤軍的淒涼。

　　孤軍的淒涼，不僅是在戰場上屢遭孤立無援的處境，也表現在來臺後的老驥伏櫪，壯志難伸：「是也在養雞，或是也在做小本生意」（頁 66）的田樂天團長；「在臺灣靠養雞爲生」（頁 54）的李國輝將軍；還有，「劉占副營長回到臺灣，聽說他在中興新村當砍竹子的苦工，一天收入二三十元，艱苦的維持生活」（頁 229）；在反攻雲南戰役中立下功勞的李泰興，「在臺灣中壢做漿糊生意」（頁 201）。這就難怪作者要感歎，這些對國家有貢獻的愛國志士們，「淒苦的老死窗牖，實在是一個悲劇，國家並不擁有用不盡的人才，不是嗎？」（頁 201）；「戰死沙場，固然淒苦，而一定要回到臺灣，老死窗牖，又有什麼光榮，只不過多一個治喪委員會罷了」（頁 83）。類此的不平之鳴，在六〇年代的威權時代，不僅是逆耳忠言，簡直是刺耳的牢騷了。在一片歌功頌德的「反共八股」浪潮下，自屬罕見。《異域》一書成功的因素很多，將這個眞相以及難言的隱痛不避諱地忠實寫出，肯定是此書暢銷不衰的原因之一，當然，這也是它後來成爲「禁書」的原因所在。

三、《異域》的定性：小說還是報導文學？

　　本文副題是「兩部異域題材作品的觀察」，而不隨俗逕稱其為兩部「報導文學作品」，自有筆者對「報導文學」此一文類本質的考量。躍昇出版公司所重編出版的《柏楊書》系列，將《異域》與《金三角‧荒城》二書列為「報導文學」；李瑞騰先生在一篇論報導文學的專文中，有如下一段敘述：

　　　關心臺灣文學發展的人都知道，在六○年代初期，一本由
　　　鄧克保署名的《異域》一書，曾引起極大的震撼，影響歷
　　　久不衰，該書的作者「以生花之筆，寫下他和他的妻子兒
　　　女以及伙伴們輾轉入緬，和歷次戰役的經過」，毫無問
　　　題，那是一本報導文學的佳作。雖然《異域》流傳甚廣、
　　　甚久，可惜的是文學評論家卻未曾對它加以討論，一般讀
　　　者在感動之餘也未曾更進一步思考它的文類歸屬。不過，
　　　《異域》的出現，充分顯示出成功的報導文學作品必然具
　　　有強大的社會功能。⑩

他認為《異域》的文類歸屬應是報導文學。然而，葉石濤在《臺灣文學史綱》中論及柏楊時，卻說他「小說有《異域》較著名」⑪。到底《異域》一書的文類定性為何，的確是值得加以思考的。

　　在討論《異域》之前，我想先談談另外兩部異域題材作品：一是《異域下集》，一是《異域烽火》。前者為馬克騰著，後者為卓元相著，但其實這兩書都是作家姜穆所寫。《異域下集》的封面設計、字體、內頁版型（一行46字，一頁18行）、篇幅（二書都差不多十二萬字）、故事情節的發展、人物的安排等，都承繼了《異域》原來的面貌。尤其是封面，與《異域》極為類似，明言是

「下集」，雖用「馬克騰」筆名，卻讓人產生與「鄧克保」爲同一人的錯覺。在鄧克保署名的〈《異域》重印校稿後記〉中，曾提到對《下集》的看法：

> 而《異域下集》，就分明的是合而爲一。在美國的徐放博士，曾在紐約星島日報上作了一篇考據文章，肯定《異域下集》作者馬克騰先生是我的筆名。這使我驚愕和慚愧。驚愕的是，世界上竟有這麼多故意混淆，難以分辨的事。慚愧的是，我實在只寫了一本《異域》，既沒有上集，更沒有下集。我覺得《下集》寫的很好，但我不敢掠美。⑫

姜穆根本沒有去過泰緬邊區，更非孤軍之一員，他是應當時星光出版社老闆林紫耀先生之邀，花了二個多月時間，根據新聞剪報資料，加上自己的想像編寫而成。唯恐以眞名「姜穆」發表，讀者會對書中內容不相信，遂取筆名「馬克騰」。至於《異域烽火》上下冊，「上冊從民國四十二年敘述至五十年的第二次撤退爲止，下冊是從五十年之後至民國六十四年，前後歷時約二十年。」⑬姜穆以筆名「卓元相」出版，理由仍如前述，是一種「僞裝的魔術」。《異域下集》銷售情形不佳，這或與出版社不敢大肆宣揚有關，但《異域烽火》則銷了六、七版，成績不惡。

對於《異域下集》與《異域烽火》二書，姜穆認爲絕不是「報導文學」，也談不上創作的小說，而是一種「新聞的重現」，是新聞體寫作。這個觀點，拿來說明《異域》一書的性質，應該也是恰當的。柏楊寫《異域》時，並未到過泰緬邊區，更非孤軍，他任職於自立晚報，由於孤軍於 1961 年 3 月在國際壓力下被迫第二次全面撤退到臺灣，相關新聞報導甚多，也掀起了一陣熱潮，柏楊以其新聞工作者的敏感度，遂在自立晚報上以

「血戰異域十一年」為名，以連載專欄形式出現，為增加其「可信度」，而以「鄧克保」假名發表。推測其動機，不外是對孤軍處境的同情，新聞工作的需求（刺激銷路）。事實上，從書中附錄所言：「自立晚報按：本報自連載鄧克保先生《血戰異域十一年》後，接到不少電話和不少信件」（頁184），足見此一專欄的策略成功。報導文學在題材上所應有的新聞性（時效性），以及表現手法上所需的文學性，《異域》一書無疑是具備的，然而，它終究不能算是報導文學。

德國的報導（告）文學作家冀希（E.E.Kisch）曾對此一文類提出四點規範：一、必須嚴格的忠實於事實；二、應該有強烈的參與情感；三、題材應與大眾有密切的關係；四、應該具有藝術的水平（指技巧和處理手法等）。⑭《異域》借一虛構人物鄧克保（同時兼作者與主人翁兩角色）來進行敘述，自然不是「嚴格的真實」，而較接近於西方六〇年代興起的「新新聞學」的報導寫作手法，而非報導文學。新聞寫作方式經歷了客觀報導、綜合報導、解釋報導、深度報導、調查報導等階段，於六〇年代中期出現了「新新聞學」，強調可以「容納一切可能的形式：時空跳接的手法，第三人稱的敘述，對話體，細部描寫，心理刻劃，個人感覺……都是可能的。」⑮「新新聞學」的興起，和美國前鋒論壇報新聞增刊的編輯湯姆‧伍爾夫（Tom Wolfe）所編選、於1973年出版的《新新聞學》（The New Journalism），以及楚曼‧卡波提（Trumer Capote）於1966年出版的「非虛構小說」─《冷血》（In Cold Blood）有關。尤其是《冷血》一書，楚曼‧卡波提「以五年的時間跟犯人一起生活，作了無數的訪問資料、刑事檔案，在任何相關的細節都不曾放過下，他以一種抽離了訪問者身份的

『新聞體』形式，完成了它。」⑯此書的寫作方式，與《異域》
或《異域下集》、《異域烽火》相近，但不完全相同。楚曼・卡
波提雖有赴現場實際採訪的「親歷性」，但在表現上則以「抽離
了訪問者身份」的方式，並自稱此為「非虛構小說」，而《異
域》等書，作者柏楊與姜穆都沒有親歷現場採訪，採用的是史料
彙整、資料剪輯的方式，在表現上當然無法有訪問者的身份，而
必須虛構人物來進行敘述。因此，就寫作的方式而言，二者略有
不同，但就其所呈現出來的形式而言，卻又相近，都屬於接近新
聞體寫作的「非虛構小說」——雖是有人物、情節虛構的小說技
巧，但內容、題材則求其忠於真實，這與以想像創作為寫作基礎
的小說是不一樣的。在缺乏對報導客體、現場的親自採訪條件
下，我們對《異域》一書的定性，也只能說它較接近於「新新聞
學」的寫作方式，是一種「非虛構小說」，而難以逕稱其為「報
導文學」作品。

四、《金三角・荒城》：報導文學的 精彩演示

有了《金三角・荒城》這部貨真價實的報導文學作品來做對
比，《異域》的定性就更為清楚了。《金三角・荒城》是有計畫
的系列寫作，在高信疆的推動下完成，先在中國時報人間副刊上
連載一個半月後，由時報文化公司出版。由於柏楊的親赴現場，
所寫的每一篇報導，都是其親身經歷，或有自己觀點的資料解
讀，讓讀者隨著他的行蹤、思想，一步步走進金三角神秘的世界
裏。這種臨場感正是《異域》以小說人物觀點為敘述策略所不及
的。例如敘述泰國政府以軍事行動大規模肅毒，引起坤沙反撲的

〈三次反撲〉文中，有一段寫道：

> 我和嚮導曾到焚車地點憑弔，車骸已被運走，只看見一片
> 被烤焦了的泥土路面。泰國政府副發言人哇尼拉集曼女士
> 發表談話說：「此次截劫上述車輛和民眾財物的坤沙武裝
> 人員，看來非常疲勞，由於他們非常缺乏糧食。」不過據
> 我所知，他們並不缺少。（頁53）

又如〈危險的趨勢〉中，第一手的採訪，精神上的介入，使柏楊
的報導真實而富情感：

> 現在的滿星疊，平靜如水，除了街頭上的黑豹軍，其他一
> 如往昔，只多了幾棟焚毀的房舍，佇立在殘瓦斷垣之前。
> 一個幼兒彳亍的走過來，村人告訴我，他的雙親被一顆子
> 彈，從丈夫心臟穿出，再從妻子的心臟穿入。我不敢詢問
> 有沒有人收養他，怕的是聽到「沒有」。（頁121）

類此的描述還有很多，充分顯示出柏楊走訪當地的親歷性。報導
主體的隱晦與突出，正是《異域》與《金三角‧荒城》最大的差
異點。

彭歌說：「我想報導文學所要求的，首先是事實」[17]，《金
三角‧荒城》的內容確實是可信的。柏楊一方面寫出自己走訪滿
星疊、美斯樂、清萊等泰北邊區的觀察實況，一方面查考相關史
料，多方求證，二者交互運用，再配以地圖，使這部報導文學作
品深具客觀的可信度。他自己曾說：「我這次泰北之行，因受到
駐泰國外交（商務）官員們抵制，所以無法獲得官方資料，一切都
是千辛萬苦在最低階層摸索中得到的。」（頁151）這種客觀的真
實性，柏楊透過以下五個方式來突顯：第一、對數據資料的重
視。如〈下臺階梯〉中，對泰國征剿坤沙之役雙方的死傷人數，

〈武裝基地和難民村〉中，對現存難民村的實際數目的分析等；
第二、佐以地圖解說。如用四種不同符號來標示滿星疊、普通城
市、孤軍軍部、難民村，繪製出〈孤軍基地及泰北難民聚落〉
圖；第三、以歷史考證來說明背景，強化說服力。如〈歷史的回
溯〉、〈毒潮直撲中國〉、〈第一次鴉片戰爭〉到〈自食其
果〉、〈第二次鴉片戰爭〉，柏楊闡述了中國、英國、法國及東
南亞鴉片的複雜發展史，讓讀者明白金三角的特殊性；第四、僅
就所知敘述，不妄加猜測。如〈○四指揮部〉中，他指出，泰國
政府批准孤軍改組，稱為「泰北山區民眾自衛隊」，「在這裏，
有一個我迄今都沒有弄清楚的事，就是他們的武器如何處理，只
有一點可以肯定的，他們仍擁有武器，但彈藥如何補給，新武器
如何更換，因為每個人的說法都不一樣，使我無法分辨什麼是真
的事實。」（頁195）完全是有幾分證據說幾分話的實證態度；第
五、柏楊有時也直陳此行所寫為「報導」，如「我們曾報導過」
（頁123）、「現在，讓我們的報導轉向孤軍苗裔和他們所居住的
難民村」（頁150）等，都清楚說明了其為真實新聞報導的本質。

　　但是，報導文學「不是單純的新聞採訪，並不以堆積真實材
料或報導事件經過為滿足」[18]，「報導文學的層面與基礎有二：
一是報導，要建立在真實的材料上；二是文學，它容納多種表現
方式和文學寫作的技巧。」[19]《異域》的文學性表現在小說形式
的發揮，《金三角・荒城》則偏重於雜文筆法的刻劃，它可以隨
時宕開，補充資料或另起話頭，完全是順手拈來，揮灑自如，卻
又不失主題的掌控。例如探討了羅星漢的姓氏、家世及其傳奇故
事後，他可以筆鋒一轉說：「現在，讓我們回到正題」（頁207）
又談起了段希文將軍；也隨時可以中斷敘述，改成對讀者來信的

解釋，這種議論橫生、不拘結構的筆法，和《異域》較嚴謹的小說結構不同。不過，為了因應報紙連載之所需，他在寫法上有一點章回體的味道，經常在文末出現論斷式的評語，或者是歔欷唱歎，以牽引下文的開端，這使得書中四十三篇雖各自獨立，但讀來卻又呵成一氣。

在文學技巧上，柏楊也善用情境的對比來塑造氣氛，如〈解除武裝〉中寫道：

> 孤軍可以說一直在「撤退」「再撤退」中掙扎求生，戰敗固然死亡，無聲無息的死亡，全世界沒有人紀念他們。就在我伏案為文的時候，新聞報導，美國「越戰紀念堂」已在華盛頓破土開工，越南戰場上殉職者五萬餘人的姓名，都將刻在上面。（頁171）

用越南美軍的建堂紀念，反襯出異域孤軍與草木同朽的命運，對比十分強烈。此外，對人物的塑造、情節的安排、場景的描寫等文學手法，柏楊都有老練的表現，限於篇幅，不再舉例說明。

至於報導文學所具有的時效性，《金三角‧荒城》更是明顯，這與報紙連載的要求有關，因此，我們很容易可以看到柏楊對當時現況的最快速報導，如「要注意的是，直到我執筆寫這篇報導時為止，沒有查獲一星點鴉片或其他毒品，泰國政府大規模的『肅毒』軍事行動，出現師出無名的尷尬現象。」（頁48）又如「當我和老妻訪問美斯樂期間，中國電視公司正在臺北放映他們實地所拍攝的美斯樂，和其他難民聚落群的影片。」（頁161）類此均可看出此書扣緊現實、反映現實的時效性，報導文學所強調的「此時此地」特性[20]，此書有生動的呈現。

報導文學除了上述的真實性、文學性、時效性之外，具人文

關懷精神的批判性，也是檢驗報導文學此一文類的切入點。誠如
張系國所言：「它不僅是客觀的報導，作者個人的哲學觀、人生
觀、政治觀……都會表現在報導文學的作品裏面。」㉑《金三角
・荒城》對此也發揮得淋漓盡致。他對孤軍過去的奮鬥與今日的
艱辛，泰北難胞落後、悲情的境遇，他由衷敬佩，也不時流露悲
憫的情緒，如「寫到這裏，美斯樂哭聲仍響耳際，停筆嘆息，彼
蒼蒼者天，曷其有極。」（頁272）經營美斯樂二十年，成為孤軍
精神領袖的段希文將軍，柏楊說他就住在美斯樂，真正「與士卒
共甘苦」，柏楊接著寫道：「這種口號喊起來比打哈欠都容易，
我們聽到的也太多了，多到足以把耳朵磨出老繭，可是有幾個做
到？」（頁167）即使是面對被控以「販毒」罪名的坤沙集團，柏
楊也都能從歷史成因、現實條件等因素來分析，並以一種「同情
的理解」心態來評論，如對泰國政府的軍事征剿行動，他批評
說：「當一個政府或國家，因政治緣故誘人販毒時，就很難理直
氣壯的再站在法律立場，取締販毒。」（頁29）而對西方國家所種
下的禍根，他也不客氣地說：「追根溯源，今日橫眉怒目，努力
肅毒的國家，正是往昔販毒的罪魁禍首。」（頁65）柏楊從愛出
發，以理服人的批判態度，使這部報導文學作品也發揮了一如其
雜文般啓人深思的精神效果。

　　從以上的論述可知，《金三角・荒城》確實是一部文學與新
聞結合的傑出報導文學作品。它既是新聞專欄的產物，又能運用
文學的技巧，作有系統、有目的、有結論的報導。透過柏楊的匠
心安排，理性的思考與感性的抒情，有著巧妙的融合。他的身影
處處出現，他的觀點時時流露，柏楊的行文風格使本書彰顯出獨
樹一幟的新聞價值與藝術特徵，而為人稱道。

五、從《異域》到《金三角‧荒城》：
不變的入世情懷

柏楊文學人格的本質是雜文，他自己就曾明白說過：「對我來說，寫雜文比較簡單。寫雜文可以不受任何限制，你甚至可以把它寫成小說、寫成詩，我有很多詩就是雜文詩。你也可以把它寫成散文，天地非常的廣，同時我的性格也可能比較接近於雜文。」㉒他所寫的《柏楊小說》就是雜文小說，他說：「我想，雜文式的小說，即令不是我首創的，也是我把它發揚光大。它是可以把時空打碎、雜文體的小說，目的在表達某一種理念、觀點，或是某一種感情。」㉓這也提供了我們理解《異域》與《金三角‧荒城》的另一角度：《異域》這部以真實素材為基礎的「非虛構小說」，在柏楊的性格與文學的雜文天平上，向小說傾斜，而《金三角‧荒城》這部親臨現場的一手採訪，則是向報導文學傾斜。仔細閱讀這兩本書，雜文式的結構、筆法的確不時出現，構成二書的共同特色。

柏楊作品的一貫基調是感時憂國、愛憎分明，直探核心、尖銳犀利則是行文手法，這就形成他以雜文為主要表現文體的文風。他寫戰役，寫人性，寫政治鬥爭，寫亂世兒女情，始終是以寫史的嚴肅心情，積極入世，力爭是非與公道，這也是柏楊人格上不畏強權、追求真理、熱愛家國的具體表徵。因此，我們看到他在《金三角‧荒城》中，毫不掩飾地流露出對我國駐泰的官方機構「遠東商務代表處」的代表（大使）的不滿，他寫道：「代表沈克勤先生每次都抱怨孤軍為他增加太多麻煩，他宣稱他很忙，他在曼谷不是專門為孤軍當差的」（頁250），更直言沈克勤先生

「只是一個官場上得心應手的人物……僅只服侍國內的高官巨賈，就使他忙碌不堪。」（頁277）愛深責切，他心念孤軍悲慘的命運，痛恨自私圖利的官僚，如果不用「投槍」與「匕首」般的雜文手法，他是不能一吐為快的。然而，也正因為如此，他的《異域》被禁，《金三角・荒城》在連載期間也引起一些誤會㉔，二者都遭逢了被誤解的相似命運，實令人感慨繫之。

不過，對照柏楊後來的入獄、被抹黑、受打擊，以及近年來為爭取人權而汲汲奔走的身影，作為一個感時憂國的知識分子，一個以文學為職志的創作者，二書的被誤解，不過是其後一連串噩運的開端而已。然而，一如孤軍總是在絕地異域中突圍重生，柏楊多年來堅持不變的理念，也在奮鬥多年後得到了應有的掌聲。正如他在《金三角・荒城》結語所言：「我不氣餒，愛心可以改變一切，只看我們是不是付出愛心。」（頁277）柏楊的愛，柏楊的筆，柏楊的人格力量，柏楊一以貫之的入世情懷，確實改變了很多很多……

──1999年6月香港大學召開之「柏楊
思想與文學國際學術研討會」論文

【附　註】

① 見林蔚穎：〈出版緣起〉，收於柏楊著《金三角・荒城》（臺北：躍昇文化事業公司，1988年11月），頁2。此書原名《金三角・邊區・荒城》，於1982年5月出版，後由躍昇文化公司以「柏楊書」系列重新出版書名改為《金三角・荒城》。本論文所引所論皆以躍昇版為準。

② 見鄧克保：〈《異域》重印校稿後記〉，收於柏楊著《異域》（躍昇文化公司，1988年11月），頁272。《異域》一書原於1961年由臺北平原出版

社出版，1977 年改由臺北星光出版社印行，1988 年再改由躍昇文化公司印行。本文所引所論以躍昇版爲準。

③　同①。

④　同②。

⑤　見李利國策劃整理、馬以工訪問：〈訪「孤軍的精神領袖」丁作韶夫婦〉，收於李利國編著《從異域到臺灣》（臺北：長河出版社，1978 年 1 月），頁 236。

⑥　在《金三角・荒城》書中的首篇〈出發〉中，柏楊寫道：「今年（一九八二）元月初，中國時報副總編輯高信疆先生問我，是不是有興趣訪問一下遠在泰緬邊區，《異域》一書殘留下來的孤軍苗裔？……更鼓勵說，時報董事長余紀忠先生及總編輯張屏峰先生，都很支持這個計畫……」，見該書 11 頁。

⑦　當然，我們也不能忽略其他作家和傳媒的「共襄盛舉」。如張曉風與宇宙光雜誌的大力推動，該雜誌社出版的《鄉音千里－宇宙光泰北送炭行紀》，即爲這場運動留下了生動的紀錄。

⑧　王德威：〈五十年代反共小說新論〉，張寶琴、邵玉銘、瘂弦主編《四十年來中國文學》（臺北：聯合文學出版社，1997 年元月），頁 74。

⑨　同前註，頁 69。

⑩　李瑞騰：〈從愛出發－近十年來臺灣的報導文學〉，《臺灣文學風貌》（臺北：三民書局，1991 年 5 月）頁 98。不過，據李瑞騰先生告知，幾年後在一次接受電視訪談《異域》一書時，他已改變將此書視爲報導文學作品的看法，最根本的理由即在於作者並未到現場採訪。

⑪　葉石濤：《臺灣文學史綱》（臺北：文學界雜誌社，1987 年 2 月），頁 102。

⑫　同②。

⑬　見丁作韶〈序〉，《異域烽火》（臺北：躍昇文化公司，1993 年 8 月），
　　頁 3。

⑭　轉引自文訊雜誌社所舉辦之「當代文學問題討論會」第二場，討論林燿德
　　論文〈臺灣報導文學的成長與危機〉的紀錄，由馮景青撰。參加者有古蒙
　　仁、李利國、心岱、陳銘磻、潘家慶。此處所引冀希的說法，參考自李利
　　國的發言。見《文訊月刊》第 29 期（臺北，1987 年 4 月號），頁 184。

⑮　見高信疆：〈永恆與博大─報導文學的歷史線索〉，《現實的探索》（陳
　　銘磻編，臺北：東大圖書公司，1980 年 4 月），頁 47。

⑯　同前註，頁 46。

⑰　彭歌：〈必須深入人性〉，《現實的探索》（陳銘磻編），頁 118。

⑱　張系國：〈歷史、現實及文學〉，前揭書，頁 71。

⑲　黃年：〈報導文學的兩個層面〉，前揭書，頁 151。

⑳　報導文學最早被稱為「速寫」、「通訊」，即可說明其重視時效的本質。
　　報導文學作者大部分也都在媒體工作，媒體強調的新聞性、時效性，明顯
　　的投射在報導文學的題材選擇、發表時效上。向陽在〈呈現以及提出〉一
　　文中，對報導文學下的定義是：「一種以此時此地為背景，經之以真實事
　　件或對象，緯之以文學技巧和手法的作品，一般稱之為『報導文學』。」
　　（收於陳銘磻編《現實的探索》，頁 105）也強調了「此時此地」的必要
　　性。

㉑　同⑱。

㉒　見鄭瑜雯採訪、紀錄的〈情愛掙扎─柏楊談小說〉，收於李瑞騰著《情愛
　　掙扎：柏楊小說論析》（臺北：漢光文化公司，1994 年 7 月），頁 146。

㉓　同前註，頁 151。

㉔　在〈孤軍危機〉中，讀者王克志女士對柏楊的指責，就是一例。柏楊不得
　　不提出解釋說：「從王克志女士的語氣看來，從泰北回來的人，好像只能

報導使人憂傷的『異域』孤軍難民村，不能報導『金三角』。報導孤軍難民村，才算正統。報導『金三角』，就是邪門歪道了。」不僅如此，「聽說一位自封為地位很高的人士，曾憤怒的宣稱，他要打電話給中國時報，不准刊載這種『打擊士氣』的文章。這消息使我沮喪，而且百思不得其解，直到看了王克志女士的信，才發現發生誤會的原因。」（頁 139）

潮　起　潮　落

——台灣報導文學發展的困境

前　言

　　因為設立「報導文學獎」，而於七〇年代掀起紙上風雲的中國時報文學獎，去年（1998）破天荒的以從缺的方式，來表達對入圍作品的不滿意，同時也藉此對已有二十屆優良歷史傳統獎項的負責任。這對於參賽者固是頗為難堪的挫折，對長期以來報導文學作品的作者與讀者而言，也是一個重大的遺憾與警訊。在十月八日中國時報的《開卷版》就有一篇記者徐淑卿的專文談論這個現象，題目很聳動：「報導文學死了嗎？」這是過去常見的標題，但是，一如過去，文章的最後一定會大聲疾呼地說：「文學不死」、「小說不死」等等，而那篇文章的結論果然也是「報導文學將永遠不死」。

　　不管報導文學會不會死，它在近年來一如淺灘行舟般的式

微，確是不爭的事實。全部獎額的從缺，只是將這一頹勢無可退路地呈現出來，這使得我們不得不去思考：在此間文學表現及創作活動呈現「集體性衰退」（張大春語）徵兆的時候，報導文學此一文類何以會日趨沒落的原因。我個人教報導文學，也寫了不少人物採訪的文章，將近九年的時間在報紙媒體工作，我想提出幾點我個人對此一現象的觀察與思考：

一、文類定義的模糊不明

正如林燿德在〈台灣報導文學的成長與危機〉一文中所言，從五四至今，凡在文學史上被評論者歸爲報導文學類的作品，都可自其情節中分離出屬於報導概念的和屬於文學概念的兩組情節，而如果從語言結構的角度，也可以分離出報導語言與文學語言兩種。因此，林燿德就將報導文學作品依報導與文學之間的比重還原成兩個類型：一是夾雜報導的文學，一是夾雜文學的報導。如果所有的報導文學都可以還原到新聞寫作或文學創作的範疇中，他認爲，報導文學便無法在任何一方中確立其獨特的地位。這是本質上的一種矛盾。到底是文學性的報導，還是報導性的文學，歷來論者各說各話的情形，適足以說明此一尚屬稚齡的文類本身，存在著糾纏不清、模糊不明的本體性癥結。

現任《當代》雜誌總編輯的金恆煒，在 1983 年擔任人間副刊主編時，就曾停辦報導文學獎，直到 1991 年才由楊澤恢復。他指出，報導文學在文類上很難定義，有的作品寫得很像學術論文，有的則像報導，主辦者很難提出一個可以作爲範式的標準，因此才不得不停辦。他的看法說明了報導文學揮之不去的宿命陰影。舉例來說，馬以工收於《尋找老台灣》中的〈古城老街〉，就是

以歷史資料爲主，從古代一直寫到二十世紀，根本是一部城市發展的簡史，這和以個人經驗爲主體的報導就很難一起評論高下。類似的情形其實很多，例如去年時報報導文學獎的入圍作品之一〈消失的人文地圖：燕南書院遺事〉，評審馬以工說，它是一種「文獻體」的報導文學，作者將各種地方縣志大量且直接引用到文章裏，佔八成篇幅的文言文，就會跟作爲書寫主體的白話文起衝突，因而破壞整體的語言風格。所以，文類定義上的模糊灰色地帶太大，再加上大環境的結構性因素，自然就使報導文學的發展不免受到一些局限。

二、媒體應用性的過度干涉

報告者在媒體的控制下必須以媒體的立場爲立場，以媒體的尺度爲尺度，這使報告者本身不自覺地蒙上一層工具色彩。在媒體政策與自身理想之間，他們必須放下理想，而逐漸成爲媒體指揮的一顆棋子。許多從事報導文學工作者，都在媒體工作，這提供了便利，但也受到限制。如古蒙仁就曾說，他去採訪，很想寫成二、三萬字，可是時間與工作性質都無法做到。還有觀察的角度、呈現的重點，媒體經營者與個人之間，理念時有落差，理想不易發揮。

報導文學的特性之一，是比起一般散文要來得強而明顯的時效性，這往往也是因爲媒體工作所需，記者與編輯所形成的守門人網，使許多報導被動地因需求而快速產生或製造，一旦新聞熱潮過後，或者被更新的素材取代後，這些報導往往就失去動人的質素而被迅速遺忘，或價值銳減。這也是因爲過度的應用性所致。我出版過兩本人物專訪報導的書，但事實上，我寫的報導文

章的數量遠遠超過這兩本書的四、五倍，但那些因新聞時效所寫的作品，隔了一段時日，它的價值其實已經過去。眞正能夠留下來的反而是在人物塑造、場景描寫、語言經營等屬於文學性特質方面有所表現的作品，而非當時趨附潮流話題，爭搶新聞時效的作品。

三、意識型態的僵化

七〇年代以降報導文學的興起，原因之一是讓新聞／文學工作者可以突破旣往已成規律的新聞寫作模式，而在題材搜羅、主題表達、書寫形式上，擁有相對較高的自主權，在當時充滿禁忌的政治低氣壓下，報導文學遂巧妙地扮演了社會正義、人道關懷的宣洩口。可以說，這正是報導文學在七〇年代台灣興起的重要原因，然而，它不能持續擴張的根源也在於此。高信疆個人的社會意識與文化理想，透過《人間》副刊上的專題企劃、稿件刊登、文學獎的設立、書籍出版等多種管道，將報導文學推向一個耀眼的制高點，也同時自覺（或不自覺）地爲報導文學建構了一個典律，即張大春所指出的「以人道關懷的情感去發掘現實社會中受忽視、受災難、受委屈、受歧待甚至受迫害的個人或族群的生活眞相與內在處境。」然而，這種意識型態卻日漸僵化、牢固，使得「人道關懷」無形中竟成了作者下筆時的緊箍咒，評審心中的一把尺。這種牢固的意識型態，會使作者只採取有利於己的資料，而使作品成爲一種「僞裝的魔術」，自我設限的結果，反而失去其可以進一步拓展的空間。

四、題材的未能推陳出新

　　題材的不斷重覆，正是肇因於前述人道關懷的金鐘罩。七、八〇年代台灣所流行的意識型態，在九〇年代依然被大量模仿，報導文學一再地複製現成的、流行的議題與觀念。過去報導文學的題材，無可諱言地，大多集中於邊緣與弱勢，導致同一題材多人採訪的現象時有所見，如翁台生、古蒙仁都寫台北大橋下的人力市場；翁台生、陳銘磻都寫為死人化妝的洗屍工人；林清玄、黃沁珠都寫第一位裸體模特兒林絲緞等等，當時就已經暴露出題材窄化的窘境。尉天驄很早在一篇受訪文章中即已指出這個危機：「報導文學者應該再努力，題材的選擇要寬一點，而且要帶著參與及投入的胸懷來寫，而不是像到蘭嶼觀光一樣，只是一個江湖過客」（游淑靜〈不能只是江湖過客－尉天驄談報導文學的再深入〉，收入陳銘磻編《現實的探索》）。

　　時至今日，我們看到的報導文學作品，依然是對古蹟、民俗、自然生態、弱勢族群、災變現場、被遺忘的歷史等的反覆搜尋。高信疆於 1975 年編的《現實的邊緣》這本報導文學作品集，和陳銘磻於 1990 年主編的《大地阡陌路：台灣報導文學十家》一書，在作者、作品的選材定位上沒有什麼不同。九〇年代以後的作品則依然沒有跳脫那兩本書的題材框套。這對此一文類的進一步發展當然是一個警訊。平心而論，並不是弱勢、邊緣題材不應該開發，而是過度開發的結果，作者如果不能跳出窠臼，就會不斷炒冷飯，形成一種意識型態上的媚俗。對應著台灣時空環境的轉變，今後，報導文學能否於邊緣、弱勢之外，另闢疆域，挖掘新議題，例如教育改革、選舉、外勞在台灣、台商在大陸、兩岸交流衍生的種種問題、新新人類的新價值觀等，也予以重視並深入採訪呢？目前看來，除了蔚為大宗且日趨專業化的自然生態寫

作外，其他人文題材似已愈走愈狹隘，而顯得有些無以爲繼了。

五、媒體氾濫，影像取代文字

　　1987 年解嚴後，隨之而來的解除報禁，以及有線電視的相繼設立，使得媒體一時氾濫，加上戒嚴時期的諸多禁忌已隨民主化腳步而過去，過去報導文學所扮演的伸張正義的功能，已被媒體充斥的版面、座談、call in 等多得數不清的管道，給壓縮，甚至取代了。很多的觀點、訊息，都可以經由影像媒體來表達，而且常常更能吸引人。如《月亮的小孩》這部報導文學作品，其實是電視紀錄片的延伸；諸如吳念眞《台灣念眞情》等節目，也可以有報導作品作爲副產品出版；影像媒體的現場直播、深度報導、專輯製作等，逐漸壓縮了平面文字的發展空間，這已是不爭的事實。聯合報 1996 年報導文學獎得獎作品張典婉的〈討海查某人〉也正準備拍成電視單元影片，爲的仍是擴大其影響力，因爲這是一個影像的時代。

　　其次，報禁解除前，報紙版面有限，大家在寫作一個題材時，都是觀察、醞釀相當久的時間才完成，如馬以工的生態寫作，邱坤良的民間戲曲，王鎮華寫的〈台灣現有的書院建築〉等。但現在媒體多元、開放，消耗議題的速度加快，反而沒有時間好好經營一個題材，品質因追求速成而被稀釋了。另外，從文化生態環境變遷的角度來看，自 1987 年報禁解除後，副刊在媒體中所佔的比重因增張而相對下降，所謂「副刊的黃金時代」可能成爲明日黃花，昔日透過副刊報導而形成話題、管領風騷的情形已不多見，因此，社會開放與媒體生態的丕變，無形中影響了報導文學的發展，當然也影響了參與者的意願。

六、新生代的參與意識低落

參與者的意願不高，新生一代投入報導文學寫作的熱情銳減，當年報導工作者以群體面貌、氣勢出現，以媒體英雄面目出現的客觀情勢不再。各大媒體對此漸漸冷淡，使得傑出的新生代只能以單打獨鬥的態勢加入此一行列。當年的媒體英雄高信疆，透過《人間》副刊所培養出來的報導文學健將，如林清玄、古蒙仁、陳銘磻、李利國、心岱、韓韓、馬以工、翁台生等，紛紛放棄、轉向。其原因一方面是缺少如高信疆這般具磁性人格的鼓吹者，一方面則是以上諸多因素所致。1985 年由陳映真創辦的《人間雜誌》，以報導文學與報導攝影為主，原本可以延續高信疆在時報《人間》的薪火，無奈還是於 1989 年停刊。不過，一些年輕報導文學作家的出現，使我們對此一文類的延續與光大，還是抱持著一些些期待，如楊樹清、張典婉、林少雯、藍博洲、林雲閣、廖嘉展、歐銀釧、楊蔚齡等（有的年齡也不算小，且都單打獨鬥，整體氣勢確已大不如前了）。後繼少人，註定了此一文類發展的局限。缺乏主流媒介提供經濟後盾及適合的發表園地，而希冀報導文學能發展躍進並有所累積，看來是不切實際的奢望了。

結　語

台灣這四十多年來，透過報紙媒體的宣揚、鼓吹，而能在文學形式上有所突破、創新的，報導文學與極短篇堪稱最具代表性，也都已成為現代文學中的一個重要組成部分。雖然，目前聯合報、中國時報及中央日報副刊仍設有報導文學獎，但其高峰期確實已經過去。不過，從另一個角度來看，報導文學在走過七、

八〇年代的風光後，隨著各種因素的互動影響，已逐漸轉移重心，沉潛到文學與新聞的血脈中，具文學性、時效性、眞實性、批判性的人物採訪或事件、主題採訪，仍大量地在各種媒介中出現，其表現方式很多都是屬於報導文學。雖然，文學的素質已相形消退，而逐漸回歸到新聞本位，但是其功能與影響仍將在現代文學中佔有一席地位。如果你問我，報導文學的前景如何？我個人的看法是：報導文學未死，只是漸漸凋零。

——《空大學訊》1999 年 10 月號

主要參考文獻

林燿德著：〈台灣報導文學的成長與危機〉，《重組的星空》，台北：業強出版社，1991。

高上秦編：《現實的邊緣》，台北：時報出版公司，1975。

徐淑卿著：〈報導文學死了嗎？〉，台北：中國時報，第 41 版，1998 年 10 月 8 日。

陳銘磻編：《現實的探索》，台北：東大圖書公司，1980。

陳銘磻編：《大地阡陌路－台灣報導文學十家》，台北：業強出版社，1990。

張大春著：〈尋找發現的刻度－對報導文學獎從缺的說明〉，台北：中國時報，第 37 版，1998 年 12 月 23 日。

從文類觀點看報導文學的
幾個基本問題

一、古代還是近代：報導文學的發生問題

　　謝謝張雙英老師讓我有這個機會來這裡和大家談一談報導文學。我在大學部教了一學期的報導文學，對大學部的同學談報導文學時，多是偏重於背景的介紹、作品的選讀。因爲今天張老師的課是「中國文類專題研究」，所以我今天要談的就集中在報導文學這樣的一個文類它所衍生或存在的幾個基本問題。首先第一個是報導文學發生期的問題。我們知道報導文學是介乎新聞和文學之間的一種獨立的文體。這樣的一種文體，一般我們都把它叫做「報導文學」，也叫做「報告文學」，過去也有人稱爲「速寫」，就是很迅速地把它描寫下來；也有叫做「特寫」，就是針對某一新聞素材把它放大來寫；也有把它叫做「通訊」，是指新聞報導的通訊。基本上，我們大概都認爲報導文學是一個還在形

成當中、發展當中的一個新興文體，它的屬性還沒有完全成型，
這一點大概是研究報導文學者的一個共識。但是對於這樣的一個
文類，它到底是從什麼時候開始？它的誕生期應該是在何時？研
究者到目前為止也都還是眾說紛紜。

　　事實上我們了解，本來一種文類的誕生，就不是一種偶然
的、突發的現象，它必然是有根據，有它的一個起源，而且在不
斷的創作的發展過程當中逐漸形成。同樣的，一個文學名詞的出
現，也要有一定作品的質和量作為基礎，但是問題是怎樣的作品
的質和量可以說是「一定」呢？一般來說很難有明確的標準，這
就造成我們在研究時面對一個新文類的發生，在考索它時會有其
困難度。報導文學也是如此。有關報導文學從什麼時候開始？它
的發生期應該斷在什麼時間點？到目前為止我所看到的大概有以
下四種不同的說法。第一個是古代說，認為報導文學並不是新鮮
的東西，古代早就有了，這叫「古已有之」。持古代說這樣觀點
的學者，在大陸上是以劉白羽、張海珊這兩位為代表，在台灣則
是高信疆。劉白羽先生是在五〇、六〇年代很知名的小說家和散
文作家，尤其是他的散文寫作幾乎變成一個散文的標準模式——
三段式，在後來的七〇年代、八〇年代以後的研究現代文學史者
對劉白羽的散文的寫作模式提出很多批判。劉白羽在 1946 — 1949
年這一段時間擔任新華社隨軍記者，曾經參加過很多場的戰役，
所以他寫過一些報導文學作品，如〈為祖國而戰〉等。劉白羽是
很典型的主張古代說者，他認為，我們只要稍微考察一下我們的
文學傳統，就會發現中國古代早就有這種文學類型存在。他舉
《史記》為例，如《史記‧項羽本記》，可以看到司馬遷是如何
將高度的文學藝術描寫和深刻的評論精神結合在一起，形成所謂

的特寫文學，也就是報導文學。所以他以《史記‧項羽本記》為例說明古代早就有報導文學這樣的文體了，他的這個說法在 1958 年時提出，在 1959 年他又在另一篇文章陳述同樣的觀點，他一再強調所謂的「報告文學」、「特寫」，這樣的名稱是後人所加上的名詞，其實這東西在古代早就已經大力發展了。劉白羽還舉了很多實際的例子，如《左傳》、《戰國策》或是《國語》，裡面有很多對戰爭的描寫，都算是第一手到現場去採訪，他甚至認為柳宗元寫〈永州八記〉，蘇東坡寫〈赤壁賦〉，都是報導文學，甚至說陶淵明的〈桃花源記〉也是。這是劉白羽的說法。

另外是張海珊，張海珊是比較後起的學者，他在 1981 年也寫了文章表示類似的看法。他說，只要你能真正掌握報告文學這種文體的特徵，再考察一下古代的中國文學史，就不難發現，所謂的報告文學是「古已有之」。他提出這樣的觀點，也舉例說明，像《禮記‧檀弓》篇裡面，孔子有一次經過泰山山腳下，遇到一個婦人在那裡哭泣，說了「苛政猛於虎」，這是實際採訪的記錄，他認為這就是古代報告文學。

在台灣，一直以來大力提倡報導文學的當然非高信疆莫屬。高信疆曾經寫過一篇經典性的報導文學文獻－〈永恆與博大－報導文學的歷史線索〉，可以算是台灣早期在發展報導文學當中最重要的一篇，也是比較全面的針對報導文學這個文類提出探討的一篇很重要的文章。當然，那也是高信疆個人對報導文學的認知、觀點的一個總體呈現。在這篇〈永恆與博大－報導文學的歷史線索〉文章裡面，高信疆一直不斷地在考證、說明、介紹報導文學這樣的文體也是「古已有之」。他特別提到說中國第一部報導文學作品是《詩經》，為什麼是《詩經》？因為《詩經》有采

詩之說，這采詩之說不就是去採訪嗎？《詩經》不是「詩無邪」嗎？這是強調它的「眞實性」、「正確性」，《詩經》中把周朝所有的政治、經濟、教育、文化、宗教、愛情、民俗……幾乎都作了生動的反應和記錄，在《詩經》中有所謂的小雅、變風、變雅，這些幾乎都是社會詩，都是針對當時社會現狀所作的一種反映。從這麼多的觀點來考察，高信疆認爲中國第一部報導文學作品就是《詩經》。那第一個報導文學作家是誰呢？高信疆說，第一個中國報導文學作家是司馬遷。司馬遷寫《史記》，到處遊歷名山大川，每到一個地方一定會去採訪當地年紀大的人，親自去訪問，而且他會去探查歷史古蹟，所以高信疆說司馬遷在寫作上具有一種實證的態度，實地去考證的態度；他也具有一種參與的熱情，而且他也有承擔的精神，就是他願意寫一些也許別人不太願意寫的，或是別人的評價跟他的評價不太一樣的東西，他有他自己的觀點。因此高信疆說司馬遷絕對當之無愧是我們中國第一個報導文學作家。這樣的說法，把《詩經》視爲第一部報導文學作品，把司馬遷視爲第一個報導文學作家，這樣的態度毫無疑問的也就是我們所謂的「古代說」。持類似高信疆這種觀點的人還有像趙滋蕃等。

　　第二個是近代說。所謂的近代指的是清末到民初這一段時期。持這一看法的學者也滿多的，像朱子南認爲，從十九世紀下半期開始，我們報導文學已經走過了將近一百年的歷史了。另外還有一位是張春寧，著有《中國報告文學史稿》，他認爲梁啓超在 1898 年寫了〈戊戌政變記〉，那就是中國報告文學的一個誕生的標誌。他把報告文學的誕生期訂在 1898 — 1919 年這一段時間。所以很清楚的，他是把報告文學的發生期設定在近代。還有李寶

瑾，他是大陸的一位學者，有一本書叫《報告文學縱橫》，也提
到類似這樣的看法，他提到清末的第一個留學生容閎的《西學東
漸記》，或是像王韜寫的《漫遊隨錄》、《扶桑遊記》，他認為
這樣的作品都可以算是報告文學所謂的孕育期。李寶瑾認為真正
具文學色彩的新聞通訊是黃遠生開始寫的，他是第一個把文學和
報導結合的作家。黃遠生是當時上海申報和時報駐北京的記者，
寫了大量具有文學表現手法和技巧的新聞通訊，被稱為報界奇
才，他的《遠生遺著》一書收了他大量的具有文學性的新聞通
訊，也就是報導文學。比如書中一篇:〈外交部的廚子〉，寫曾任
御膳房的余姓大廚，民國成立後，成為外交部廚子，這廚子竟然
家產萬貫，而且為他兒子買了個外交部的職位，專管出納，可見
這廚子多不簡單。這就是一篇具有政治揭露色彩的通訊，所以他
被視為近代報導文學一個最好的作家。另外像袁殊、阿英等也都
認為報導文學是近代工業文明的產物。台灣林耀德也寫過一篇文
章談這個問題，林耀德認為即使有人想把報告文學往上追溯到司
馬遷、《史記》、《詩經》(如高信疆)，但他認為還是要把報導
文學這一文體放到二十世紀、近代工業文明來看才能顯出這一文
類的面貌。

　　第三是五四前後說，即 1919 年左右。像藍海（田仲濟）、周
而復、趙遐秋等寫過報告文學專著的大陸學者都是持此看法，認
為報導文學發生於五四運動前後。因為五四運動前後報章上有很
多作品，報告五四運動前後過程，如〈一周中北京的公民的大活
動〉，可說是報告文學的濫觴。

　　第四是三〇年代說。五四前後和三〇年代說是最近學者提出
的較新看法，有許多學者認為一直到三〇年代報告文學這一名詞

才傳入到中國。像大陸研究散文和報告文學權威的林非，就認爲報告文學的興起是三〇年代的事。以群認爲在 1931 年九一八事變以前是沒有報告文學的。又如研究散文和報告文學的佘樹森認爲報告文學是跟著無產階級的革命興起的，這正是三〇年代的事。李炳銀也認爲報告文學是三〇年代初期所產生。

讓我們檢討一下以上的看法，首先對於古代說，此一說法似乎有些牽強附會，報告文學的誕生實在是和工業文明的興盛，尤其是報章雜誌的興起有密不可分的關係，因爲報告文學介於文學和新聞之間，持古代說者忽略這一點，古代沒有發達的新聞媒體，即使是司馬遷的《史記》，一般視爲是史傳文學，其中部分是散文，報告文學在其中沒有辦法突顯它獨立的面貌，所以古代說有待商權。三〇年代說太拘泥於報告文學這一名詞的出現時間，任何文類的產生，通常作品先存在於名詞前，這是文學史發展的規律，並不是新名詞出現後才有作品，所以亦有待商權。近代說和五四前後說看起來時間斷限不一樣，但內部是貫通的，任一文類的發生本來就是漸進的，所以近代說和五四前後說比較符合文學史的發展，或可以把這二者放在一起，說報告文學誕生在近現代，是近現代嬗變過渡時期的一種新興文類。這一說法較有說服力，而且這一時期已經出現大量作品，這些作品既有文學性又有新聞性。不過在台灣有些研究報導文學者則對古代說提出另一種看法，認爲不要完全否定它，認爲古人求眞求美的精神仍對報導文學有所啓發，可把古代文學視爲一種對報導文學一種駁雜的文學養分，不要全盤否定古代說。

二、報導還是報告：報導文學的名義問題

　　第二點要談的是到底是「報導文學」還是「報告文學」？目前台灣叫報導文學，大陸則稱報告文學，這二個名詞背後牽涉到這一文體根本來源問題，就是「外來說」。不管是報導文學或是報告文學，都被認為是從國外傳進來的，這說法應是正確的。先看報導文學，在1930年2月10日出版的《拓荒者》第一卷第二期，上面刊登一篇文章，是由馮憲益翻譯一位日本作家川口浩的〈德國的新興文學〉，這文章提到捷克一位重要的作者基希，他長期擔任記者，到過很多國家採訪，寫了大量的第一手的遊歷記錄，就是新聞通訊，也是報告文學。所以一談報告文學，都會追溯到這位基希。文章提到基希寫了很多新聞通訊，而又有文學筆法，給它的名稱是「列波爾達知埃」，就是德語 reportage 的音譯，那時只有這樣的名詞，「報告文學」一詞仍未出現。「報告文學」一詞正式出現在1930年3月1日出版的《大眾文藝》第二卷第三期，由陶晶孫翻譯日人中野重治介紹的〈德國新興文學〉一篇文章中提出，它直接說出基希所寫的就是「報告文學」，這是報告文學正式在中國出現的記錄。當這一文體被介紹到中國之後，立刻引起左翼作家聯盟的重視，就是有左傾傾向，服膺社會主義這一群作家，他們並且具體從事寫作實踐，創作了大量報告文學的作品。中國左翼作家聯盟又稱左聯，在1930年成立到1936年，左聯在1930年八月開會，會議中提出很多文藝政策的指示，其中有一項是要鼓勵大家創作我們的報告文學，認為只有如此才能將文學創作由少數特權者手中爭取解放過來，變成屬於大眾所有。很清楚的，左聯將報告文學視為鬥爭、宣傳的工具。這可以稱為是社會主義式的報告文學，這樣的作品一出現時它的名稱是「報告文學」，也是因為他們大力提倡的關係，所以三〇年代和

四〇年代，報告文學一度非常興盛。在 1949 年後，中共仍然非常重視強調報告文學，他們認為報告文學是當年打敗國民黨重要的利器之一，所以到現在仍重視報告文學，目前在大陸上各省都有一些報告文學的重要刊物，中央或各省有關報告文學獎項非常的多。

　　比較起來台灣較為冷淡。台灣報導文學曾經唯一興盛的時期是 1973 － 1983 年，高信疆在主編中國時報人間副刊那十年期間，因為他大力提倡而興盛。基本上在太平盛世，報導文學這一文體不容易興盛，要在局勢動盪，或有戰事時，報導文學才會興盛，這樣的時期老百姓會希望作家們能為他們報導所看到的事實真相，這可解釋報告文學在抗戰時期興盛的原因。但台灣七〇年代和八〇年代全因高信疆提倡而使報導文學興盛起來。台灣叫報導文學是因為長期以來受到美國的影響，可稱美國式的報導文學，是隨新聞事業發達而衍生的新興文體。持這一類看法的，像尹雪曼、蔡源煌、高信疆等。如蔡源煌就說，台灣的報導文學，不管是內容或做法，都和美國的新新聞學相呼應。在美國新聞寫作經過一個歷程演變，一開始是服膺客觀報導，不能有記者自己感想，當時記者只是速記員的角色，只是很快速的記下新聞。而後有人質疑記者的客觀性，所以又演變為綜合報導，這時觀察的角度、新聞的來源、採訪的人都不是單一，而是綜合的，提供更多資料給讀者。再後又發展為解釋報導，一位記者在跑同一新聞線多年後，對事件的來龍去脈瞭若指掌，何以不能解釋新聞、發表個人看法？所以新聞記者要求在新聞後加入自己的看法，就是解釋報導。解釋報導發展一陣子後，又感不足，而演變成深入報導。報導同一新聞的不只是一個人，而是一個小組，一個團隊，

它可以花幾天甚至幾個月的時間，長期追蹤，長期報導。到深入報導後，記者發揮的空間變大，又感到不滿足，所以又變成七〇年代的調查報導，這是美國美聯社首創的，記者可說從速記員搖身一變爲 007 情報員，他可以主動調查。記者的權力變大，沒有拘束的寫作新聞，這調查報導一直進行到今日，美國的普立茲獎大多是頒發給調查報導傑出有成的記者。而後調查報導又產生了「新新聞學」，前述之客觀報導、綜合報導、解釋報導、深入及調查報導都是所謂新聞學；而新新聞學和上述不同之處在於它幾乎可以容納一切可能的形式，新聞可以加入對話體、或是時空的跳接及細部描寫，可以對一個人的容貌神情細膩的描寫，還可以包括用第三人稱的方式、心理刻劃，所有新聞學不可以寫的，到了「新新聞學」通通可以寫了。

我們疑問的是，到了新新聞學時它和小說有何不同？它用了許多小說的描述方式，所以高信疆稱之爲「向文學借火」，新聞把文學的東西納進來了。當美國新聞發展到新新聞學時，再跨前一步，就是報導文學了。這是報導文學產生的背景和過程。台灣習慣把新聞寫作稱之爲新聞報導，所以高信疆在七〇年代提倡這樣的文體時，他想到的名詞就是「報導文學」。1975 年他在中國時報人間副刊開闢了一個專欄，叫做「現實的邊緣」，這是第一個報導文學最重要的專欄，發表了大量的報導文學作品，所以像陳銘磻、林清玄這一批年輕的作家通通都因爲高信疆和人間副刊這樣的關係結合在一起，導致台灣在七〇年代中期到八〇年代中期報導文學的興盛，所以我們可以說報導文學是台灣七〇年代一個新興的文體，它很明顯是受到美國新聞報導演變的影響，和三〇年代德國式、俄國式的社會主義報告文學很不一樣，所以報

導文學和報告文學不只是在名稱上不同，基本上它們的來源不同，發展路線、蘊含成分也不同，兩者不適合混爲一談，也不宜將報導文學也叫報告文學，因爲二者有很大的差異性。

三、新聞還是文學：報導文學的本質問題

接下來要談的是報導文學的新聞性和文學性的問題。一般說報導文學需要新聞性中有文學性，文學性中有新聞性，因此二者關係的探討，大致上有三種主張:一是平衡說，張系國認爲二者是可以平衡的，但這基本上是很困難的。第二種是以報導爲主的說法，像李明水。第三是以文學爲主，如林清玄，他在一篇文章〈竹筍與報導文學〉中提到一篇成功的報導文學作品，文學性要強過報導性，譬如寫一個計程車司機，他的名字並不是重點，可以放入任何人的名字。報導文學具備主觀和客觀、新聞和文學、眞實和想像，這些性質本身是矛盾的，這也一直是報導文學的困擾。所以有人認爲報導文學的定義尚未清楚。在評審報導文學獎項時，評審相當困擾，因爲每篇的文學性和眞實報導的成分比例不同，所以很難評定，每次都會有這樣的爭議產生。比方說，馬以工曾寫過一篇文章〈古城的老街〉，收在他的報導文學作品集《尋找老台灣》，文章從古代的城市一路寫到唐、宋、元、明、清，這樣的文章與其說是報導文學作品，不如說是城市建築發展簡史。裡面沒有太多文學性，只有資料的介紹，這樣的作品和以個人經驗爲主的作品難以放在一起評比。1999 年從缺的報導文學獎競賽作品中，有一篇〈燕南書院遺事〉，這篇作品百分之八十以上是引用各地的地方志來寫書院的歷史，引用時全是文言文，只有百分之二十白話文，那就難以和百分之九十是白話文的作品

比較，所以評斷時難有客觀的標準，報導文學中新聞和文學之間的模糊灰色地帶實在太大了，這對報導文學發展產生局限。

最後，讓我們看看報導文學該具有什麼特性？一直以來報導文學一直圍繞在真實性和新聞性之間，我個人將之再細分為五類。首先從新聞觀點看來，它除了該有真實性外，還要有時效性，看這一篇報導文學題材是不是可以立即反映當下所發生的現象或歷史追溯，寫完後發表也要有時效性。早年朱自清寫過一篇以現在眼光看絕對合乎報導文學作品的文章:〈執政府大屠殺記〉，寫段祺瑞政府如何槍殺抗議示威遊行的學生，朱自清人在現場和清華大學學生一起遊行，沒想到面臨政府的槍殺遊行群眾，他有很多富文學性細節的描寫。朱自清是針對 1926 年的三一八事件所寫，三月十八日的事，他三月二十五日發表，充分掌握時效性。又如古蒙仁有一篇報導寫桃竹苗地區一次罕見的大水災，寫的是民國七十年 5 月 27 日那天桃竹苗連下九個小時大雨，造成桃竹苗五十年來罕見的大水災，古蒙仁隔天到現場採訪到 31 日，登在 6 月 2 日的時報週刊上，所以報導文學作品必須要有它的時效性。但不一定全部都要有時效性，如果是對今日古蹟的採訪，就不一定需要，但通常仍和新聞性有關。真實性、時效性、文學性都是需要的。另外批判性也是考察報導文學一個重要的角度，看這篇報導文學作品是不是具有人文關懷、批判性，看它是不是能提出問題、觀察問題、更有無可能解決問題，如何能用理性的態度發掘陽光照不到的地方，而使當政者有所改善。第五個是所謂的史詩性，之前還有一個叫史志性，「志」是記載，把現在發生的事情記載下來希望它有一天變成歷史。報導文學的功能該是在記錄事件後，事隔多年我們可以藉由它來審視那個時代的

現象，這是史志性，不僅如此，我們希望能提升到史詩性，詩是文學，也就是報導文學不應該只是提供讀者知識上的價值，教育上的價值，應該設法提供審美上的價值，就是史詩性，要有藝術的表現手法。上述這些是個人認爲除了新聞性和文學性之外，報導文學還該具備的特性。以上是個人針對報導文學幾個基本問題的簡單報告。

（本文爲教育部「文藝美學課程改進計劃」系列演講中的一場，2001 年 4 月 18 日在政大中研所演講，由謝敏玲紀錄）

雙　重　失　落

——論龍瑛宗的原鄉意識

一、在沉默中叩問：原鄉在那裏？

　　龍瑛宗是一個寡言沉默的人。「內向與口吃」似乎是他給許多文人朋友極深刻的印象之一①。雖然周芬伶指出：「事實上他與知交談話時滔滔不絕，表達流暢，當年吳濁流先生就常到他家聊天，兩人常為文學之事爭論不休」，但是，她也不忘強調「平常他總是沉默的」②。作為日據時代戰爭期的代表作家之一，龍瑛宗孤獨、陰鬱、多感、不被理解，卻又堅毅、真摯、自律甚嚴、勇於剖析自己內心世界的文人形象，隨著近年來相關研究的重視與深化，已日漸清晰、巨大起來。這位在文學路上勤懇耕耘、默默跋涉的苦行者，因著命運的多舛、性格的內向、語言的隔閡以及政治上無情的捉弄，曾經長期保持沉默，對誤解不加申辯，甚至停筆埋入為稻粱謀的合庫工作中，閒時以讀書自娛，做

一個安安靜靜的讀書人，在書齋中，維持著他一貫近乎「被遺忘的存在」的沉默姿勢。

然而，不擅應對，不代表沒有生命熱情；不與人爭，不表示缺乏理想追求；不擅言辭，也不意味著對人生百態、世間萬象沒有看法。相反的，在錯逆乖訛中，龍瑛宗對文學的信仰，從來不曾動搖過。陳萬益的比喻十分貼切，他說龍瑛宗的一生「猶如蠹魚，孜孜矻矻的以文學餵食自己的靈魂，排解自己的孤獨」，他並舉了一個實例：「有一次，知甫將龍先生的手稿攤在桌上絮絮地談，不意間龍先生竟然淚珠漣漣，不能自已，令在座所有的人感動莫名」③。文學是他負荷人生重擔時唯一的避風港，一輩子心靈的歸屬，在現實世界裏沉默，這位「戰鼓聲中的歌者」，卻在文學天地裏，透過一篇篇小說，向生命的本質意義展開一連串強而有力的叩問，在社會的邊緣，以血淚交織的發聲，讓人不能忽略他的存在。他的聲音，是如此靜默，卻也如此高亢；是如此低調，卻又如此嘹亮。「於無聲處聽驚雷」，龍瑛宗小說冰山下的深層意蘊，才是更值得玩味的。

龍瑛宗潛藏於沉默表面下的內在熱情，一如他對日本殖民政府採取表面忍從，內心抵抗的態度一般。葉石濤說：「他的根本思想是反抗、叛逆和前進的，可是在現實生活中，他被逼不得不妥協、退卻和躲避」④。那麼，龍瑛宗心中的叩問是什麼？他的感傷與落寞緣何而生？處於殖民統治之下，他苦悶心靈的巨大、複雜陰影是什麼？在反抗與躲避之間，在熱情與沉默之間，他為何做出忍從、退卻、妥協的選擇？在我看來，他安靜心靈中不斷翻騰的質問，主要是原鄉意識的歸屬問題。從思索與追尋中，他散發出強烈的人文關懷與知識分子的淑世性格，但在失落與妥協

中，他又流露出遭受歧視的憤懣與被壓迫的屈辱。「世紀末蒼白知識分子濃烈的哀傷和絕望」⑤，主要來自於他原鄉意識的失落與異化。這裏的「原鄉意識」有二：一是對大陸祖國故土的文化原鄉情懷，二是對處於弱勢的客家身份的族群原鄉情結。前者來自於對殖民政權的反抗，後者來自於對移民歷史現實的反省。這兩種原鄉意識的追索，使他成為特定歷史階段的代表性作家，但兩種意識的雙重失落，則使他的作品「充分顯露出世紀末殖民地智識分子『美麗與哀愁』的思考角度」⑥。

在纖細唯美的書寫色調背後，積澱著無比沉重的心靈內省與生命質疑，是龍瑛宗小說不分戰前或戰後的共同特色。不論是反封建、反戰或反日本殖民統治，還是渴求族群融合、渴求愛情、渴求掌握自己的命運，都與以上這兩種原鄉意識有關。做為殖民統治下客家籍知識分子，龍瑛宗的文化原鄉與族群原鄉意識，有非常鮮明的表現。他在現實生活中的沉默與沉重，在小說世界中的感傷與灰暗，都來自於他不斷追問「原鄉在那裏」後的失落與挫敗。因此，若要充分掌握龍瑛宗及其小說的思想與風格，這兩種意識的深入認識與探討是有其必要的。以下即針對這兩點分別加以論述。

二、文化原鄉：陌生而遙遠的中國想像

龍瑛宗自 1949 年轉入合作金庫工作，至 1976 年退休，幾乎處於停筆狀態，沒有一篇小說發表⑦。退休後開始專事寫作，完成一些自傳式作品，但都以日文寫作。直到 1980 年才透過苦修，終得跨越文字書寫工具的障礙，而寫出第一篇中文小說〈杜甫在長安〉，1987 年於聯經出版公司出版的小說集，即以此篇為書

名。龍瑛宗以〈杜甫在長安〉爲其首篇中文小說題材，其深意至少有二：一是藉此表達出對年華老去，自覺一事無成的悵惘；二是透露出其對中國文化原鄉的嚮往。前者以杜甫心境自況，後者則以長安爲陌生而遙遠的中國想像。二者透過小說做了生動的結合，成爲理解龍氏中國情懷很具代表性的作品。

　　龍瑛宗對杜甫的崇拜，顯然超過他對巴爾札克、果戈里、魯迅、島崎藤村、石川啄木等人的喜愛。杜甫一生有志難伸，且遭逢戰亂顚沛之苦，卻不忘文學志業，也可稱之爲「戰鼓聲中的歌者」，兩人的生命情調接近，無怪乎龍氏會以杜甫作爲寄託自我生命的人物典型。小說中寫道，當杜甫在登大雁塔拾級而上時：「由於今年的秋雨，特別淅瀝了很久，泥濘遍地長著蓬蒿，胡雁也看不見，恐怕翅溼難以飛翔哪。」寫的是杜甫，說的卻是自己「翅溼難飛」的困境。而開篇在大雁塔中對玄奘從天竺帶回佛像的感慨：「斯時玄奘已經五十歲，今年杜甫才是四十三歲，倒是同年時的玄奘，卻做出了曠世的大事業了。」對照著龍瑛宗七十歲才寫出這篇中文小說，其老驥伏櫪卻時不我予的無奈感，不言可喩。杜甫面對玄奘，龍氏面對杜甫，撫今追昔，異代同調的悵惘，是如此強烈地傳達出來。「潦倒的窮詩人，以敏銳的直觀在他的詩裏表現其快悒的憂心」，杜甫如此，龍瑛宗何嘗不然。

　　明乎此，才能理解何以龍瑛宗的兩個兒子──文甫與知甫，名字中皆有一個「甫」字。龍瑛宗顯然認爲自己對「文」學杜甫是眞「知」的。也因此，他對大雁塔就有了深深的嚮往，且有親臨其地的渴盼：

　　　　在〈杜甫在長安〉文中幾度出現的場景：大雁塔，這個傳
　　　　說中杜甫也曾登臨的高塔，乃成爲龍瑛宗一生必欲窺臨的

聖地。帶著年老行動不便的龍瑛宗前去大陸的，是二兒子
劉知甫。那是一九八八年時的事。前一年，龍瑛宗因爲動
了大手術，有兩度因出血病危的情況發生，待病情轉趨穩
定，劉知甫說什麼也一定要帶父親到大陸，去完成他一輩
子的心願。⑧

杜甫的貧窮、不得志，龍瑛宗感同身受，但比起杜甫在長安時的
已有文名，龍瑛宗顯然寂寞許多，所以他才會在〈七封信〉中傷
感地說：「我被環境所迫，沉默了二三十年，懦怯地爬出文壇
時，讀者們已經忘掉了老頭子作家。天哪，天哪！」⑨

　　年華已逝，青春不再，不論功名或文名都無大成就，龍瑛宗
對殖民統治下，台灣青年的苦無出路遂有著深沉的不滿。在〈月
黑風高〉中，他藉日據時代一位綽號「黑狗」的時髦少年之口，
提出了憤懑的控訴：「我們的時代，給殖民時代破壞了。我要輓
歌著：還我青春，還我青春。」然而，青春已誤。台灣光復後，
青年已漸垂老，濕翅已難高飛，只能徒留憾恨與悵惘了。

　　身爲日本殖民地的知識分子，對現狀不滿的龍瑛宗，自然對
祖國及其文化產生精神上的歸屬。文學上的杜甫，中國歷史上輝
煌的長安，恰好成爲治療他文化鄉愁的藥方。龍瑛宗在《杜甫在
長安》的〈自序〉中直言，他的一些自傳性小說中的主角杜南
遠，就是他的化身。而在許多自傳性小說中，龍瑛宗經常提到他
對祖國文化的嚮往，以及無法接受祖國文化教育的失落。例如
〈夜流〉中，少年杜南遠曾經在彭家祠唸過《三字經》，但不久
這私塾教育即被日本警察禁止，「從此以後，杜南遠再也沒有跟
彭老師學習漢文了。在彭家祠以台灣語唸了一半的《三字經》，
竟與祖國文章的永別了。」杜南遠長大後，只能以日文來讀中國

作品，但他讀到杜甫〈春望〉中的詩句：「國破山河在，城春草木深。感時花濺淚，恨別鳥驚心」時，「這個古代中國人的感懷，也令杜南遠憶起在彭家祠與祖國文永別的事，有些黯然神傷了。」將杜甫與祖國文化聯繫在一起，再參照他對杜甫的引為知己，龍瑛宗深刻的文化原鄉情懷已表露無遺。

必須說明的是，日據下的台灣人民，對「祖國」有一種民族主義心理的嚮往，是很正常的現象，尤其愈是受到殖民者的壓迫，這種心理就愈是強烈。同樣的，如果本來就在殖民中成長、受教育，因而對日本文化熟悉、習慣，而對自身文化產生疏離的心理，也是值得同情的諒解。對文學、歷史現象的解讀，還原情境恐怕是較為公允的方式。只有抱持這種態度，才能對龍瑛宗在1940 至 1944 年間活躍於殖民下台灣文壇，或者是在八〇年代寫作〈杜甫在長安〉的表現，不會流於意識型態下無謂的糾葛。晚年的龍瑛宗，在意識中存有文化中國的情懷（不是中國情懷），應是不爭的事實，但如果要以此來臆測他的政治立場，就是庸人自擾的無聊之舉了。

除了〈杜甫在長安〉外，龍瑛宗的其他小說中，也經常出現他對中國原鄉的親切想像。如〈夜流〉中，描寫來台移民者「自從離開了像母親懷抱般的大陸，渡洋越海開拓新天地，歷盡了千辛萬苦，才有了自己的新田園。」杜南遠家中「藏有一本祖國的小學讀本」，「在杜南遠來看，祖國的小學讀本卻是覺得有親切感。因為語言的構造同樣了」；〈從汕頭來的男子〉刻劃一位在抗戰期間被迫自汕頭撤退返回台灣的青年周福山，對這位青年，龍瑛宗的描述是「他的容貌和舉動摻上了大陸的色彩和香味」；在〈月黑風高〉中，龍瑛宗塑造一個已死去的鬼魂，透過他的一

生自述，道出對日本殖民統治的沉痛指控：

> 我的生涯極短暫，生於清朝時代，而死於日本統治的時代。究竟我是中國鬼，抑是日本鬼？如果，讓我自由選擇的話，我寧願不做大日本帝國的三等國民，而甘心做個中國鬼。

當「大陸的半壁河山陷入大洪水，老百姓流離失所嗷嗷待哺，帝國主義者利用這個機會，在東北地方偷偷地偽造了傀儡國家」，「杜南遠氣憤得渾身發抖了」（〈斷雲〉）；和大多數台灣人民一樣，杜南遠「在家裏過新春、清明掃墓、迎接媽祖娘、中元祭典等，是完全沿襲祖國樣式。另如於學校，紀元節、天長節等，是異國樣式」（〈勁風與野草〉），這種矛盾的生活，使杜南遠對「祖國」益發產生如對母親般思念、依戀的情感想像。在龍瑛宗一篇小說未刊稿〈瞭望海峽的祖墳〉⑩中，以堂兄弟錦雄、錦群從日據到光復後的際遇，來襯顯出時代的變化與台灣人的命運，兩人於光復後的一次清明節一起去掃墓時，有以下一段對話：

> 「雄哥，祖先來台以後，與大陸的羈絆好像斷了線索。」
>
> 「祖墳做在這裏，是由這裏瞭望唐山故土。」

凡此均可看出龍瑛宗對唐山故土強烈的認同與嚮往。當然，這些異族統治下心向祖國的情懷，或源自民族情感，或源自文化認同，交融雜揉成龍瑛宗對中國故土的文化原鄉意識。也因此，在他近八十歲高齡之際，仍抱病前往大陸遊長江三峽，登大雁塔，甚至展開「絲綢之旅」，若非此文化原鄉意識的撐持，孰以致之？

　　不過，對文化原鄉的想像固然有著血濃於水的親近與熟悉，但對龍瑛宗來說，未曾踏上故土之前，對祖國的想像其實是非常

陌生而遙遠的，這種陌生使他自然對故土也會產生一種隔絕與斷裂之感，如〈青天白日旗〉中，面對台灣光復，重回祖國懷抱，主角阿炳卻產生一種奇異的心理：「中華民國！在阿炳來說，好像陌生的遙遠的祖國。爺爺奶奶跟爸娘經常掛在嘴上說的祖國，而祖先們於往昔，便居住在那裏大地上，然後，渡過驚濤駭浪來到了台灣。」換言之，這「祖國」是祖先的祖國，對龍瑛宗來說，只能是隔絕的想像，斷裂的拼湊。〈斷雲〉中的杜南遠，返鄉探視重病的父親後，必須赴南投日本人的銀行任職，在火車上，他的感慨油然而生：

> 火車在竹南附近的海邊疾駛著，越過灌木叢林的那邊是一片台灣海峽，蒼蒼的海色不斷地蕩漾著，在海上還飄浮著老父的淚痕。杜南遠想拂去淚痕的幻影，但幻影一直苦苦地纏繞著他。由於父親的幻影自然而然地拖出杜南遠的遐想，飛越海浪晃蕩晃蕩著台灣海峽的那邊——那是未曾看過的祖先的大地。

此處將父親的形象與祖先、祖國三位一體地重疊呈現，完全是龍瑛宗原鄉意識的強烈流露。但是，祖國終究是「未曾看過」的「幻影」罷了。似近實遠，似真實假的「遐想」，說明了隔絕之下的陌生與失落，而這種隔絕，追根究柢，仍是日本政權的侵略殖民所致。〈夜流〉中的杜南遠，為了考師範學校而從「北部一寒村」和同學一起到州廳所在地的新竹城，然後才「初次看到中國城門」，而且，「同樣在那個時候，中國近代革命之父，孫中山先生逝世了。這個影響中國歷史至巨的大事件，生存於閉塞的殖民地少年，杜南遠也一無所知。」可以說，歷經日據時代皇民化運動與戰後白色恐怖陰影的龍瑛宗，對中國的想像主要是（也

只能是）來自於文化原鄉的認同，只是連這種文化原鄉的追求，都殘缺不完整，甚至被扭曲、壓抑，其內心的失落感也就不意外了。

杜甫在大雁塔上看到安祿山宅，他想到「這個便便大腹的胡人，懷著什麼鬼胎呢？他的邸宅裏鬼鬼祟祟的人影出沒著，對唐室來說，恐怕是一場的兇夢罷。」這「胡人」就是暗寓日人；當杜甫爬登大雁塔，眺望長安這座「人口一百數十萬，在當時世界最強也是文化最高的皇城」時，與一日本留學僧在樓梯擦身而過，龍瑛宗在序中聲明只是「作者獨個兒的幻影罷了」，不過這個安排正再一次巧妙透顯出龍瑛宗對中國（特別是強盛的中國）的嚮往。唐朝國勢顯赫，日本遣留學生來中國，這與當時台灣青年想到日本留學的現象恰成一對比，龍瑛宗藉小說傳達的「微言大義」正在於此。

只不過，長安已遠，杜甫已逝，對「祖國」這個來自文化原鄉意識的想像，始終是陌生而遙遠的。日據時代的隔絕、斷裂，戰後白色恐怖陰影下的壓抑、苦悶，龍瑛宗必須沉默，也只能沉默了。

三、族群原鄉：挫敗與壓抑的客家情結

龍瑛宗的中國原鄉意識，一方面來自他對中國文化的嚮往，另一方面則是源於客家原鄉情感的牽繫。這種源遠流長的血緣族群意識，使他將中國與台灣自然地聯繫起來。出生於新竹縣北埔鄉、祖籍潮州饒平縣的龍瑛宗，對自己客家族系的身份是有著深刻自覺的，在他的部分作品中，即充滿了濃厚的客家風味。不論是對客家語言的適時運用，還是對客家山歌的描寫，都可看出客

家族群身份對其作品的影響。例如客家語言中的「轉」在龍瑛宗作品中常出現，像〈貘〉：「不久，我就得回轉長山了。這是每個人都免不了的命運。」；〈勁風與野草〉：「…歇一歇！我去溪澗弄點水來。姑娘無氣力地說：快去快轉來呀！」等。又如客家話中罵人的常用語偶爾也會出現，像〈鄽城故事〉：「房子內三郎的聲，誰呀？奴家啦。前村的彭姐姐麼？夭壽子，不是啦。再敲著門篤篤……。那麼，後村的尉小姐麼？夭壽子、短命子、絕代子。連奴家的聲音，竟也忘掉了。」類此的例子還有許多。

至於對客家山歌、童謠的描述就更多了。如〈貘〉：「他拉絃仔，唱起了採茶歌。一年轉瞬即過，再次上考場，仍然失敗」、「徐青松向老闆娘叫了兩盤炒麵，一樣牛蛙料理，外加一瓶『福祿』酒。有點醉意以後，徐青松一支一支地唱起我們地方的民謠『山歌』來。」；〈濤聲〉：「魏進添和伙伴們喝得好快活，末了是大聲地唱起山歌來、採茶歌來。」；〈夜流〉中的杜南遠，常被杜玉娘揹著，在村裏徘徊，杜玉娘「以清脆的細聲唱『月光光，秀才郎』的童謠」，並且說：「阿遠，長大了做個秀才郎喲。」這一類的描寫，可以看出龍瑛宗受客家族群生活、文化的薰染。不僅如此，他對故鄉北埔小鎮的客家生活、習俗、信仰、景觀等，也都有生動的記載，如〈黃家〉中的「枇杷莊」就是北埔，慈雲宮就是慈天宮，還有〈七封信〉中對「大隘」的介紹，〈貘〉中對姜家「天水堂」的描繪等，在他筆下，充滿了濃郁的客家風情。可以說，客家意識在龍瑛宗的小說中是不可忽略的一個重要成分。

正因為他有著客家族群身份的自覺，使他面對閩客兩族系長久的歷史現實糾葛感觸甚深，而這種感觸給他帶來的多半是挫

敗、屈辱與壓抑的無奈。葉石濤〈論龍瑛宗的客家情結〉一文對此有精到的剖析：

> 台灣社會本來是「漢蕃雜居」的移民社會，先到的福佬系移民占盡了土地和水利之便，後到的客家系移民也就在爭取土地和水利之便上，受盡剝削，起而抗之，自然福佬與客家之間也就械鬥不輟了。當然受盡委屈的是客家這一方，因此客家人心裏對福佬有某種「屈從和傾斜」的意識陰影是不能否認的。然而此種「情結」在龍瑛宗的心靈上特別顯著，在他的眾多作品上留下了痕跡，幾乎構成了他底作品的某種特色。這是在別的客家系作品是看不到的。⑪

和以出身客家而自豪的另一位日據時期新文學作家吳濁流相比，葉石濤認為龍瑛宗作品充滿「複雜的心理陰影：屈辱、傷感和落寞」。這種失落感，有一大部分來自於「福佬系作家有形無形的歧視」。靦腆內向的個性，加上出身於「行商之子」的小資產階級，使他的性格趨向於妥協、謹慎與保守。伴隨著福佬人在政經社會等各個領域的發展優勢，福佬話也成為台灣強勢語言，但龍瑛宗自幼生長在客家庄，不懂福佬話，而且生來口吃，拙於抒發意見，這對他的心理和文學寫作都產生了一定的影響。

　　羅成純〈龍瑛宗研究〉一文，曾提到客家籍的他與福佬籍的另一作家張文環之間的一場誤會，這個誤會正可以說明這種語言障礙帶給他的困擾：

> 龍瑛宗之未加入《台灣文學》一事，一直為人所不諒解，為何他未加入該誌呢？據日後他滿腔苦澀的回憶，其原因乃《台灣文學》之創刊人張文環對他持有「某種偏見」之

故。龍瑛宗出身客家，是台灣漢民族中的少數派，不精閩
南語，再加上「極爲內向與口吃」之故，在一般同時操閩
南語與日語之福建系作家的集會上，一直是寡口無言，引
起張氏之誤會。此誤會一直到日後二人同出席大東亞文學
者大會，得到互剖心腹對談的機會後方釋然。⑫

即使是戰後，他也停筆了三十多年，一部分的原因仍是不懂
福佬話的語言鴻溝。雖爲台灣第二大族群，但龍瑛宗的客籍身
份，使他融不進戰後文壇的主流──不論是外省作家或福佬作家
所操控──而沉默於文壇的邊緣一隅，直到一九七七年才恢復寫
作。葉石濤就感慨地認爲：

如果他不是客家人，不是出身於小資產階級，不具有內向
的個性，以他的文學天才而言，他很可能成爲日據時代最
有世界性規模的作家；因爲他的現代人知識分子的氣質和
敏銳的思考，在那時代是獨樹一幟的罕有資質，台灣新文
學因他的出現而開闢了更前衛而深刻的境界。⑬

龍瑛宗對客家原鄉有一種族群天性的認同，在一些自傳性作
品中，他總不忘提到祖先渡海來台前的客家原鄉，如〈夜流〉中
描述杜南遠的爹在照顧患嚴重氣喘的杜南遠時，想起過去的苦難
日子：「他的祖父從廣東省與福建省交境的饒平縣的寒村帶三個
外甥來了台灣。登陸地點是淡水港北方三芝鄉的海濱。由這裏沿
著淡水河一路南下，暫且落腳於新莊小鎮。這個地方的原野已經
被先來移民的福建人占據了，而且言語不通，他們更向人煙稀疏
的邊地，最後歇腳的地方，就是近於蕃界的台灣北部。」在〈斷
雲〉中又再次重提此事：「聽說杜南遠的曾祖父，帶著三個外甥
徒手空拳搭乘著戎克船跨過怒濤洶湧的一望無垠的台灣海峽。但

平地已爲閩南人占據。所以才落腳於台灣北部與泰耶爾族接界的土地。」對客家／福佬互動的歷史處境再三著墨，其自覺的用心可見一斑。

〈斷雲〉中的杜南遠，雖然在日本人的銀行做事，但他受到殖民地人民屈辱的排擠與對待，使他深刻感受到台灣人不過是次等公民的殘酷現實。不僅如此，不會講閩南話的他，在一次無法翻譯閩南話給主辦放款的日本人聽時，遭到斥責，並傳爲笑柄：

> 況且客家人的他更翻譯不出閩南話來，使得頓時赧顏不知
> 如何是好，手忙腳亂起來了。就在這時候，洪鐘似的經理
> 的大聲音怒吼著：「喂！不會講台灣話的台灣人在銀行沒
> 有用，即刻辭職好了。」從此杜南遠變成不會講台灣話的
> 台灣人，聲名遠播到東京的分行，成爲人們茶前飯後閒聊
> 的笑柄。

在日本人心目中，所謂的「台灣話」是指閩南話，客家地位的被漠視可想而知。這對龍瑛宗來說，無疑是在殖民統治下又一種被歧視的壓迫，造成他族群原鄉意識的失落。雙重壓迫，雙重失落，龍瑛宗文學中複雜的心理陰影的原因正在於此。

前述龍瑛宗與張文環的誤會，在龍瑛宗〈張文環與《台灣文學》〉中有所說明，其中敘及客家身份帶給他的屈辱不免令人震撼：

> 有一天，在台北勤務的大阪朝日新聞社藤野桑，他是張文
> 環的好友。他的臉上泛酒味，對我說：「張文環是個作
> 家，也是台灣的代表的智識人，他竟以龍某某是漢民族的
> エタ（穢多），少於與他往來較好。」我雖然是不會閩南
> 語的客家人，但是變成漢民族的下賤民族，連做夢也做不

到。⑭

　　這篇回憶文章發表於 1991 年，對一生寡言內斂的人來說，會有如此強烈的屈辱感流露，顯見是積累已久，不得不發。這種挫敗與壓抑的客家情結，不可否認的，有一部分來自不會閩南語的社會現實壓力，當然，更重要的，是來自於對日本殖民統治下，台灣人被歧視的憤懣不平。只不過，身為客家族群，似乎在被歧視的台灣人中，地位又更加低一等，這確實令龍瑛宗「做夢也做不到」，因此晚年仍耿耿於懷。至於葉石濤〈論龍瑛宗的客家情結〉（1987）一文，其後並未見龍氏持有異見，顯然這種客家情結的存在，在龍氏生命史中已是不爭的事實。雖然在他的小說中對此著墨不多，但〈張文環與《台灣文學》〉一文所透露的信息很能發人省思。

　　有趣的是，正因為親身體驗了被視為少數族群的痛苦，龍瑛宗對山地原住民採取了較寬容、同情的態度並藉此勾勒出「族群融合」的美好願景⑮。羅成純指出，龍瑛宗對山地原住民的關心，「在當時的台灣人作品中堪稱異例」⑯。特別是一九四一年調往花蓮港，與山地原住民多所接觸後，原住民即在他的作品中出現，如隨筆〈薄薄社的饗宴〉、〈時間的遊戲〉以及詩〈花蓮港的回憶〉中，即不斷提起與一位山地青年拉賓的純真友誼；小說〈崖上的男人〉（1943）、〈濤聲〉（1944）中也有對山地原住民的正面刻劃，如〈崖上的男人〉：「杜南遠想起了幾年前在這裏遇見的山裏的少女。圓圓的黑眸、挺直的鼻子、豐腴的雙頰，那被曬成小麥色的肌膚，更顯現出清純的健康」；〈濤聲〉描寫杜南遠坐船赴台東一小鎮的「會社」工作，不久意外和公學校時代的老同學碰面，兩人聚餐閒聊分手後，杜南遠在沿海公路旁的沙地

上坐下看海聽濤：

> 不一會，一群阿美族人來到。他們一面撒播著夕闇一面走
> 過來。他們是精雕細琢而成的青銅般的雄健漁人。夕照益
> 發地濃了，海變成暗葡萄色。

不論對山地少女或阿美族人，龍瑛宗都刻劃以健康、單純、熱情
的正面形象，這種尊重、欣賞少數族群的精神，其實是來自對弱
勢者的感同身受。和客家族群相比，原住民的處境更加堪慮。龍
瑛宗藉這些作品想鼓吹的，正是族群平等、融合的理想。只可
惜，現實終究是令他沮喪的。他時刻不忘自己來自客家原鄉的族
群身份，但在政治力的壓抑、福佬族系的強勢，以及自身性格的
內向等因素支配下，他的客家情結不免蒙上了挫敗、屈辱的陰
影。這種客家族群原鄉意識的痛苦經驗，加上殖民統治下文化中
國原鄉意識的壓抑，對他敏銳多感的心靈產生巨大的衝擊，從而
形成他充滿哀傷、孤獨、虛無與內斂的文學風格。

四、削瘦的靈魂：龍瑛宗的沉默與苦悶

葉石濤以「苦悶的靈魂」一語來形容龍瑛宗，指出其身為殖
民地客家知識分子的不自由、不得志與不快樂。羅成純〈龍瑛宗
研究〉中將龍氏小說中敗北的人物分為破滅型與妥協型兩種，顯
然的，龍瑛宗自己就可以被歸入命運、現實的妥協者行列，一如
〈植有木瓜樹的小鎮〉中的陳有三，原本滿懷理想，最後墮落沉
淪一樣。現實的力量使人不得不低頭，不得不妥協，龍瑛宗不像
陳有三的墮落，他選擇的是沉默。

口吃加上氣喘的羸弱體質，使杜南遠自幼即有「極端的自卑
感」（〈夜流〉），面對未來，也是茫然無知，因為「人們總是有

了希望，日子過得起勁且才有生存的意義的。但殖民地的少年們，從幼苗就被奪去，前途塗抹了一層灰色」（〈夜流〉）。即使長大後，靠自己的努力難得地進入日本人的銀行工作，仍不斷受到歧視與打壓。有一次，杜南遠晚上獨自在辦公室加班，日本副理卻趕他離開，令他悲憤不已：「你們日本人看作台灣人是小偷麼？想起來委實令人氣憤的」（〈斷雲〉）；與日本女醫師兵藤晴子的愛情，也遭到阻止、訕笑，連兵藤晴子都忍不住嗟怨地說：

> 我問過父母親，假使我嫁給台灣人，父母親的意見怎麼樣？父母都大加反對。我們讓妳讀到醫學院，竟嫁個清國奴，不但鬧成大笑話，而且是日本人的奇辱，我們沒有面子見親戚朋友了，尤其父親已暴跳起來。（〈斷雲〉）

杜南遠只能沉默以對：「報了顏笑一笑，心中在想，這是所預測的結果。」沒有向命運抗爭的勇氣，他只是默默嚥下這苦果，強顏歡笑的背後，是無止盡的質疑、怨嘆與認命，甚至於對自己的「表裏不一」，也不禁產生一種自謔式的嘲諷：

> 杜南遠在夜晚徘徊於小鎮的公園，他是日本國民，流著的卻是中國人的血。在日本人面前高喊著「日本萬歲」，其實肚子裏流著暗淚。噢！猛然想起了，小丑在舞臺上做出滑稽動作，但在背後卻暗吞辛酸淚。我就是小丑，杜南遠這麼想著……

在〈斷雲〉的結尾，杜南遠望著火車外的天空，看到「青藍色的綿亙山峰上有一大堆烏雲，徐緩地在移動，距離很遠的地方一朵斷雲也孤單地飄流。」然後，「他驟然地想到，我好比亦是那朵斷雲啊。」孤單的一朵斷雲，不知飄流的方向，杜南遠的茫然前程，龍瑛宗的感傷人生，正像那朵迷失的斷雲啊！

　　在日本殖民壓迫下，龍瑛宗必須扭曲自己的人格；在戰後白色恐怖的陰影下，他必須隱藏自己的人格；面對客家族群弱勢的處境，他必須壓抑自己的人格。在沉默中想像文化原鄉，杜甫在長安的中國，在孤獨中接受客家族群非主流的社會現實，苦悶與削瘦，是這位雙重失落者必然的命運了。

　　龍瑛宗的小說，筆法犀利，思慮複雜，早期作品具有現代主義的心理分析手法，後期作品寫實風格鮮明，為時代做了生動見證，也為自己的青春過往留下曲折的印記。作為日據時代即已揚名的作家，不知是時代之誤，還是性格所致，他是沉寂太久了。一如杜甫在長安的撫首歡息，從杜甫到杜南遠（龍瑛宗），我們看到同樣的知識分子在悲歌，同樣的邊緣文人在低吟，以及同樣削瘦的靈魂，在時代動亂錯置的大喧嘩中，沉默以對。

——2000.7.16「龍瑛宗文學研討會」論文；

發表於《中國現代文學理論季刊》2000

年9月號

【附　註】

① 日據時期與龍瑛宗同為《文藝台灣》編輯委員之一的池田敏雄在〈《文藝台灣》的苦澀——記龍瑛宗氏之事及其他〉一文中提到，龍瑛宗因身為《改造》徵文之入選作家，相當有名，頗受尊敬，但「其本人卻是相當不顯眼的存在，集會時也總是很客氣，再加上『極為內向與口吃』，在人前面不能順暢的談話。」原載《台灣近現代史研究》第三號，1980年，此處轉引自羅成純〈龍瑛宗研究〉，收於《龍瑛宗集》（張恆豪編，台北：前衛出版社，1991），頁258。另外，張恆豪在《龍瑛宗集．序》中說他「靦腆內向」；葉石濤在〈論龍瑛宗的客家情結〉中說他是「極端內向的人」；陳萬益在〈蠹魚與玩具——龍瑛宗紀念〉文中也有一段生動的描述：「他總

是靜靜地坐著，和他搭訕，也難得開口，有時面帶微笑，瞧著你，目光閃閃。」由此看來，龍瑛宗因口吃而不擅言詞，因內向而不多話的個性，已成為他性格中鮮明的標誌。

② 周芬伶，〈靜靜流動的長河——採訪龍瑛宗先生印象記〉，《聯合報》副刊，1999 年 11 月 14 日。

③ 見陳萬益，〈蠹魚與玩具——龍瑛宗紀念〉，《聯合報》副刊，1999 年 11 月 13 日。文中將龍瑛宗比喻為「蠹魚」是出自龍氏於 1943 年出版的文學論集《孤獨的蠹魚》一書。

④ 葉石濤，〈論龍瑛宗的客家情結〉，收入龍瑛宗《杜甫在長安》（台北：聯經出版公司，1987 年 7 月），後改題為〈苦悶的靈魂——龍瑛宗〉，收於葉石濤《走向台灣文學》（台北：自立報系出版社，1990 年 3 月），頁112。

⑤ 同前註，頁 110。

⑥ 張恆豪，〈纖美與哀愁——龍瑛宗集序〉，《龍瑛宗集》，頁 10。

⑦ 這段期間除了發表〈左拉的實驗小說論〉、〈日人文學在台灣〉、〈從加尼福尼亞談到台灣〉、〈瞑想——悼吳濁流〉等四篇隨筆、評論外，無小說作品發表。見龍瑛宗編〈龍瑛宗生平寫作年表〉，收於《龍瑛宗集》，頁 335。

⑧ 見葉昊謹，〈願做父親知己——龍瑛宗之子劉知甫〉，《現代文學名家的第二代》（張堂錡、欒梅健編，台北：業強出版社，1998 年 8 月），頁51。

⑨ 龍瑛宗的短篇小說集只有兩本：《午前的懸崖》（蘭亭書店，1985 年）、《杜甫在長安》（聯經出版公司，1987 年），〈七封信〉收於《杜甫在長安》書中。以下本文徵引龍瑛宗小說作品將只列篇名，而不再交代書名。

⑩ 見聯合報副刊製作，〈戰鼓聲中的歌者——龍瑛宗紀念專輯〉，1999 年 11 月 13 日。

⑪　同④，頁 108-109。

⑫　羅成純，〈龍瑛宗研究〉，《龍瑛宗集》，頁 264。

⑬　同④，頁 113。

⑭　龍瑛宗，〈張文環與《台灣文學》〉，《客家雜誌》第 14 期，1991 年 2 月，頁 36。

⑮　根據羅成純〈龍瑛宗研究〉中所言，龍瑛宗於 1943 年 12 月在《台灣藝術》上發表〈回顧與內省〉一文，主張「東亞十億的諸民族非相互的作靈魂上之接觸不可，而靈魂與靈魂上接觸的文學，有助益於東亞諸民族融合的一日必將來到。」羅成純認為，這段話乍看之下是協力戰爭的口號，「但對於出身客家，嚐過被視以少數民族，而為台灣人作家所疏外之痛苦經驗的龍瑛宗而言，這該不只是應時局而叫嚷的口號而已。」見《龍瑛宗集》，頁 302。

⑯　同前註。

新世紀，新典範

──對台灣客家文學的一點期待

　　不管是彰顯族群本位的「客家台灣文學」，還是強調地域特性的「台灣客家文學」，在台灣這塊土地上，客家族群以飽含客家意識的筆觸或呈現客家風味的描繪，來書寫客家人與事的努力與成績，在二十世紀台灣文學史中，毫無疑問的，不僅應有其一席之地，而且也必將是台灣文學瀚海中耀眼的一江巨流。它過去的成就不容忽視，未來的發展同樣值得期待。

　　我們輕易地就可以開出一長列曾經澆灌過客家文學沃土的作家名單，如吳濁流、龍瑛宗、鍾理和、鍾肇政、林鍾隆、李喬、黃娟、鍾鐵民、謝霜天、杜潘芳格、陳寧貴、黃恆秋、范文芳、彭瑞金、馮輝岳、吳錦發、劉還月等；同樣的，《亞細亞的孤兒》、《笠山農場》、《原鄉人》、《植有木瓜樹的小鎮》、《台灣人三部曲》、《濁流三部曲》、《寒夜三部曲》等傑出的小說作品，不僅為客家文學打響了旗號，也成為台灣文學不可或

缺的經典之作。此外，《朝晴》、《芙蓉花的季節》、《擔竿人生》中的客語詩，開創並完成了客語詩寫作的可貴試驗。這些作家與作品，共同豐富了一部台灣客家文學史。但不可否認的，小說的成就明顯地在質與量上都要優於其他文類，這形成了客家文學以小說為主體的特色，同時也預示著客語詩、散文、童謠的創作空間仍有待拓展與耕耘。

　　「客家文學」一詞的提出，與台灣解嚴前後本土意識高漲、台灣整體文學（包括福佬、客家、原住民）思考的強化與深化有關。它既有自己獨特清晰的面貌，同時又與台灣文學同步前進，共同建構起台灣文學的主體地位。一如台灣文學在爭取應有地位過程中不可避免地會與語言政策、文化現象、政治改革等非文學因素相互交纏共構，客家文學的確立，也是一路走來，「運動性」十足：《客家風雲》雜誌的創辦、「還我母語」大遊行、台灣客家公共事務協會成立、純客語刊物《客家台灣》出版、寶島客家電台設立、台北市舉辦客家文化節、李喬等人成立「客家工作陣」、《客家》雜誌舉辦「客家文化夏令營」至今已十一屆等，「客家」的主體性與活動力，似乎在解嚴之後得到了廣泛的注意與盡情的釋放。

　　與客家文化／族群運動相呼應，客家文學的主體性也在九〇年代以後日漸鮮明。透過鍾肇政、羅肇錦、黃恆秋、龔萬灶等人的持續投入，一本本帶有開創性的著作相繼出版：第一部客語詩集《擔竿人生》（黃恆秋著，1990）、《客家台灣文學論》（黃恆秋編，1993）、《客家台灣文學選》（鍾肇政編，1994）、《客家台語詩選》（龔萬灶、黃恆秋編選，1995）、第一部全面介紹、論述客家文學變遷發展的《台灣客家文學史概論》（黃恆秋著，1998）、客語童詩

集《第一打鼓》（馮輝岳，1998）等，或從理論建構，或從歷史脈
絡，或從作品評選，或從詩歌創作等不同角度，探掘、呈現並實
踐客家文學的審美內核及藝術表現。可以說，二十世紀的最後十
年，客家文學有了一次全面性、本質性、涵蓋理論與創作層面的
反省與實驗。雖然有些人持不同看法，但我們應該同意：客家文
學在台灣，其身份已經確立，面目也逐漸清楚，只要有心人肯一
如先輩前賢般堅持投入，發揮「硬頸」打拼精神，則二十一世紀
的台灣文學，客家文學仍將會是其中重要的組成之一。

　　不過，我也不敢過於樂觀。首先，隨著全球化、資訊化、都
市化的趨勢強度日增，地球村與世界公民的型態已然成形，客家
庄的瓦解，年輕一代對客家語言的隔閡日深，族群凝聚力的消
散，客家族群意識的日漸模糊等，都令人不得不憂心忡忡。以文
學創作而論，客家風味、情調的感受，乃至題材的開發，恐怕只
會日益困難。彭瑞金〈客家文學的黃昏〉一文中指出：「沒有客
家生活，哪來客家文化？沒有客家文化，哪來客家文學？」這個
質疑是值得省思的；其次，客家族群面臨的種種危機中，要以語
言文化的流失最令人心驚，因此，許多政策與措施，無可避免的
要從語言部分著手，因為，沒有語言，即無文學可言，朝這個方
向的努力，一點都沒錯，只是相形之下，對文學的重視不免顯得
心有餘而力不足了；再者，年輕一輩的客籍創作者，有客家意識
的已不多，能寫出具客家精神的作品者更少，因此，一提到客家
文學，似乎只能在吳濁流、鍾理和、鍾肇政、李喬的作品中尋找
榮光，接下來呢？後繼者誰？這是不能不嚴肅以對的根本問題。
以上的困境與危機，在揮別二十世紀之際，格外令人深思，心情
也格外沉重。

　　沉重的使命，總是積壓在少數人的肩頭。許多有關客家文化／文學的活動、會議上，每次見到頭髮花白的鍾老現身，或是李喬慷慨激昂的陳辭，我都有一種無奈、不忍與愧對的感覺。雖然「客家學」的研究近年來有風起雲湧之勢，包括語言、文學、風土、信仰、社會、禮俗等方面，都有一些有心人或透過官方計畫修纂，或民間自發性研究，而有了一些研究及調查成果，但在這些熱鬧的表象背後，以上提到的困境與危機並未得到解決。從文學的立場出發，我深深期待更多以客家人為書寫對象的作品出現，在新的世紀，能有新的典範延續鍾理和、鍾肇政等人的薪火。也就是說，在整理並發揚客家文化、語言的同時，也能提筆刻鏤、描摹當今客家族群的新風貌，寫出幾部新的文學典律之作，而不是逐漸淹沒在全球化的腳步裏，消失在都市化的潮流中。

　　這個期待當然不會是難以企及的奢望，但也絕非「指日可待」。它需要更多中壯輩、新生代作家的加入與投入。這個沉重的使命，要所有關心台灣客家文學的人一起來扛；二十一世紀台灣客家文學史，也要有心人一起來書寫、來完成。

——《文訊》雜誌 2000 年 12 月號

輯　　三

探索與開發

現代文學教學的三化四熱

現代文學教材編寫現象之觀察與建議

台灣文學的傳播與教學

探　索　與　開　發

——1999 年現代文學教學概況

一、前　言

　　隨著大一國文課程的日益鬆綁，教學內容可多元選擇、設計，以及通識課程、共同科課程的廣泛需求，相較於過去貴古賤今的保守心態，現代文學在近幾年的大學課程規劃上，已有較大幅度成長的趨勢。相關師資養成並開始投入，研究領域的重點開發，作家作品的時代接近性，各類文學獎與媒介發表的激勵等原因，則是現代文學教學發展日漸蓬勃的主要動力。從文學理論、文學史、四大主要文類（詩、散文、小說、戲劇）、文學批評，到特殊文類、專家專題、跨領域的學科整合等，原本已有基礎的文學科系，試圖再求完整與深入；即使是未設文學科系的院校，也逐漸擺脫象徵性的一、二門點綴，而有了較大自由度的發揮空間。這些突破與精進，非一朝一夕的「突飛猛進」，而是多年來一點

一滴「細水長流」的累積。

1999 年的現代文學教學，一方面沿續過去的成果與基礎，一方面對應主客觀教學環境的改變、改善，已有花繁葉茂的態勢。雖然離花開滿園的繽紛亮麗還有一大段距離，但其前景已然可期，發展的方向也大致不差，深度與廣度的探索開發，在多年、多人的持續灌注下，特色已經出現，成績不容忽視。過去三年來，董崇選、張春榮、陳啓佑在《台灣文學年鑑》上對此已有詳盡精到的介紹與分析，因此本文就不再對他們提過的一些現象性問題如師範院校對現代文學的不夠重視、台灣文學的成為顯學、探討女性議題的課程日漸增多等加以介紹；一些持續舉辦的學院外（或民間）的創作研習班，如耕莘文教院的青年寫作會、中國文藝協會、作家阿盛的「寫作私淑班」等，因變動不大，也不再贅述。縱觀 1999 年現代文學的教學狀況，以下數點是個人認為值得書寫記錄的「特色」，或是過去所無，或是發展值得期待，或是深化、突破的努力有了豐碩成果，或是仍有待進一步拓展。以「豐美多姿，堂廡深闊」為題，言其格局之開，氣象之新；以「深耕廣織，前景可期」為題，論其不足之處，致力之道。以下即按此二題分述個人對今年現代文學教學情況的觀察。

二、豐美多姿，堂廡深闊

㈠ 媒介與校園結合，擴展現代文學視界

1999 年 3 月，停刊已六年的《藍星》詩刊，在元老成員余光中、向明及中壯輩詩人趙衛民等人的積極聯繫下，出版了復刊號。這份刊物的特色之一，是完全交由淡江大學中文系負責，社長由系主任周彥文擔任，主編則是在該系任教的趙衛民。他們希

望能讓《藍星》成爲教學刊物，提供中文系師生在現代文學創作與研究上的另一扇窗，使校園與社會透過詩刊有嶄新的文學互動。這有些像明道中學與《明道文藝》、台大外文系與《中外文學》的關係。文學媒介與教學相結合，毫無疑問的，將會提升校園文學創作的風氣，對現代文學的教學，也展示了一個更生動的示範，更恢宏的視野。它不同於一般校內自辦刊物，本身具有重要歷史地位的《藍星》能由大學中文系「認養」，令人欣慰，也令人期待。

同樣令人振奮的，是擁有全球五大洲、三十八個分會、上萬名會員資料、圖書及作品的「世界華文作家協會」，於十月將這一批研究華文文學的重要資料捐給了世新大學，並在圖書館四樓成立「世界華文文學典藏中心」。這是海內外第一所以世界華文文學作品爲典藏的中心，對今後國內研究世界華文文學的助益甚大。現代文學從立足台灣、胸懷大陸之後，也可以更進一步地放眼世界了。不論教學、研究或創作，這個中心的典藏品都將是挖掘不盡的寶藏。

㈡　台灣文學課程日趨專業、多元

大學校園中的台灣文學教學，在眞理大學創辦第一個台灣文學系之後，邁向一個新的里程碑。正當大展鴻圖之際，教育部於六月批准國立成功大學文學院籌辦台灣文學研究所，2000 年 9 月即可正式上課，相關的中、小型討論會及國際學術研討會都將一一展開。如此一來，國內台灣文學的教學與研究，從大學到研究所已有一貫的教學機制，這對台灣文學教育從課程到師資，都提供了朝專業化發展的良好條件。廣泛多元的課程設計，專業師資的培養，必然會促使台灣文學邁向更完善、成熟的境地。

即使是一般中文系所，開設的台灣文學課程，也逐漸擺脫概論式的介紹、作品賞讀，而有朝向專題研討的趨勢，這顯示出台灣文學在教學上力求突破發展的客觀需求與主觀自覺。例如靜宜大學中研所就開設有「台灣現代詩與比較詩學」（趙天儀）、「心理分析與台灣文學」（陳玉玲）、「文學理論與台灣文學專題」（陳芳明）、中文系則有「台灣文學與女性主義」（楊翠），政大中研所有「現代性與台灣文學」（陳芳明），台大中文系有「台灣當代小說與性別文化」（梅家玲）等。從各個不同面向切入，豐富了台灣文學的意涵，也使台灣文學的教學呈現百家爭鳴的熱鬧景況。

㈢　創作教學有日趨熱門之勢

在現代文學教學領域中，指導或培養學生創作書寫能力，是不可或缺的一環。例如台灣師大的「新文藝習作」，東吳、輔仁、成功、東海大學等的「現代散文選及習作」、「現代小說選及習作」等強調寫作的課程，已有多年歷史，對校內創作風氣的提振自有其一定作用。但是，像台大的「現代散文選」、「現代小說選」、「現代詩選」，或政大的「中國現代散文選讀」、「中國現代小說選讀」等，即以作品選讀為主，並無強制習作的規定。當然，鑑賞識見的提高對創作能力的培養同樣重要，但翻開一九九九年各校的課程，有關「寫作指導」的科目逐漸增多了，如南華大學的「創作經驗研究：與作家對談」（馬森）、「文學創作原理與形式」（李正治），元智大學的「寫作指導」（李翠瑛、鍾怡雯），暨南大學的「寫作」（黃錦樹），交通大學的「書寫理論」（易鵬），長庚大學的「中文寫作」（林美清、陳民珠），東華大學的「現代文學寫作：小說」（郝譽翔）、「現代文學寫作：詩」（陳膺文），中興大學的「文學創作」（董崇選）等，如果再加

上東華大學新設的創作研究所，現代文學的創作藝術應該會有一
個新的局面。

　　除了寫作課程的安排外，作家進駐校園講學也是直接有效的
方式。如中央大學中文系新設「小說與社會」課程，邀請小說家
黃春明參與教學，採多元對話模式，使學生可以在課堂上直接面
對作家，學習其創作經驗。作家鍾肇政也於十一月進駐元智大
學，帶領同學重新詮釋台灣文學，本身即是一部台灣文學史的鍾
肇政，當然會使學生對台灣文學產生親切而具體的想像，從而激
勵學生投入此一寫作或研究的行列中。這種彈性大、效果佳的講
座方式，相信會日漸被校園所廣泛接納。

㈣　**中文系所對西方文學理論課程逐漸重視**

　　西方文學理論的講授，過去在中文系所的現代文學課程中並
不多見，但至 1999 年爲止，已有多校開設了此類課程，這對學生
在理論方法的訓練上，以及文學視野的拓展上，都是極有助益
的。這類強調西方理論特色的課程有「西方文學批評理論專題研
究」（輔大：中研所，劉紀蕙）、「接受與詮釋專題討論」（中山：中
研所，楊雅惠）、「當代文學理論批評」（淡江：中文系，范銘如）、
「現代西方女性主義與文學」（元智：通識中心，鄧名韻）、「西洋
小說及詩歌導讀」、「西洋散文選讀」（東海：中文系，彭錦堂）、
「西洋文學批評理論」（東海：中研所，彭錦堂）、「文學名作導讀
與欣賞：美日文學、歐洲文學」（世新：中文系，夏祖焯），以及有
中央、東吳、東海等校都開設的「文學社會學」等課程，都爲以
中國文學爲本位的中文系所開了另一扇面向世界的窗。有趣的
是，很少看到外文系（或英語系）有開設中國文學理論的課程。不
過，隨著通識教育的日漸普及與推廣，及跨系選課學分的部分承

認，學生想多認識不同國家文學發展的通路已經大爲拓寬。

㈤ 特殊文類課程兼顧專業性與活潑化

從現代文學四大主要文類所衍生、深化的特殊文類專業科目，不僅使現代文學教學更多元、活潑化，也顯示了現代文學的腹地寬廣，值得開發的領地還有不少。這類科目包括了「婦女文學」、「女性小說選讀」（淡江：李元貞）、「武俠小說」（淡江：翁文信、林保淳；元智：林妙芬；實踐：胡仲權）、「少年小說」（靜宜：趙天儀；台東師院：洪文珍、張子樟）、「兒童文學」（台東師院：洪文瓊、林文寶、劉鳳芯、周慶華；實踐：黃炳秀、吳企方；中山：劉昭明；東海：許建崑；中國醫藥學院：李菁華）、「台語文學」（交大：沈冬青；成大：呂興昌）、「報導文學」（靜宜：林淇瀁；暨南：周昌龍；東海：阮桃園）、「翻譯習作」（東海：馮以堅）等。這些特殊文類科目大都具有較強的應用性，貼近社會現實脈動，容易引起學生學習興趣，值得進一步規劃。如傳記文學、網路文學、旅行文學等，其實都可以獨立成一學科，相信對現代文學的教學品質可以產生新的動能與面貌。

㈥ 跨領域學科發展空間寬廣

現代文學與其他領域的不同學科作一科際整合性質的課程設計，是近年來文學教育的一大突破。文學可以和大衆傳播學、社會學、生態學、政治學、文化學、宗教學、哲學等，相互結合闡發，而形成一新興學科，並因此擴大了文學的版圖。雖然，這裏的「文學」不完全是指現代文學，但卻以現代文學的嘗試最多，也較被接受。以電影與文學的結合爲例，主要還是在現代文學的範疇。開設「電影與文學」或「文學與電影」課程的學校不少，以一九九九年爲例，就有輔仁（比較文學研究所，陳儒修）、成大（中

文系，吳達芸）、淡江（英文系，陳宜武；法文系，儲善平）、暨南（外文系，蘇子中）、逢甲（通識中心，姚憶倩）、交大（通識中心，劉龍勳）、東海（中文系，周芬伶）、台灣師大（英語系，高瑪麗）、實踐（通識中心，陳玉台）、政大（中文系，尉天驄）、中山醫學院（通識中心，蔡芸）、中央（中文系，曾昭旭；英美文學系，管冰琛；法文系，劉光能）等十餘所，透過電影欣賞與小說文本參照閱讀，學生對現代文學的興趣容易被啟發、帶動。

此外，文學與其他學門的結合教學還有很多，如與大眾傳播學相關的有「文學與傳播」（靜宜：林淇瀁）、「電視編劇實務」（靜宜：李舒亭）、「文學與資訊社會」（台灣師大：羅青哲）、「新聞編採及習作」（東吳：張堂錡）、「中文編輯與採訪」（淡江：張堂錡）、「新聞編採與寫作」（中山：孔仲溫）、「文學與超媒體藝術」（中興：李順興）等；與政治學有關的則有「文學與政治」（東吳：裴元領；東華：許又方）；與哲學（廣義）有關的有「文學與美學」（台大：柯慶明）、「現代文學與人生」（東吳：陸愛玲、張曼娟）、「現代小說與人文關懷」（輔英技術學院：林偉淑）等；與宗教有關的有「中國五四傑出作品與基督教」（交大：董挽華）等；與社會學有關的有「小說與社會」（中央：李瑞騰；東華：郝譽翔）；與生態學有關的有「自然與文學」（東華：曾珍珍）；與文化學有關的有「文化研究與當代文學」（台大：蔡源煌）、「台灣當代小說與性別文化」（台大：梅家玲）、「台灣現當代文學與文化專題」（輔仁：簡瑛瑛）、「文學與文化研究」（中興：李順興）等。現代文學的發展領域，在精心設計下有了更寬廣、深入的發揮空間。

三、深耕廣織，前景可期

　　以上這些教學特色，都是令人心喜的成就與正確發展，但是，從 1999 年的現代文學課程來看，有些空間是可以再努力填補的，有些方向應該得到更進一步的推動，雖然它也許受到師資、教材、學分等因素的限制而無法有較大幅度的擴充，但以下幾點如果能有所突破或全面推廣，對現代文學的教學品質將會有正面的助益。

㈠　對大陸當代文學的介紹稍嫌不足

　　為加強兩岸文學交流，適度的了解大陸當代文學的現況是必要的。但除了淡江中研所的「當代大陸文學專題研究」（施淑女）、暨南大學中文系的「兩岸現當代文學」（周昌龍）、文化大學中文系的「大陸當代文學選讀」（宋如珊）、政大中研所「中國現當代小說研究」（唐翼明）中有一學期討論大陸當代小說外，其他幾乎付之闕如，這不能不說是一種缺憾，當然，這或許與這類的師資、教材不多有關。

㈡　專家、文學流派研究不妨增加

　　古典文學中的專家研究，一向是重點項目，現代文學在這方面可以再著力。目前已有的如「魯迅專題」（東海：洪銘水）、「賴和文學專題研究」（成大：陳萬益）、「魯迅小說的比較文學觀察」（交大：董挽華）、「張愛玲作品研究」（文化：楊沂）等，為數不多，具有再深化發展的極大空間。如黃春明小說專題、白先勇小說專題、徐志摩與朱自清、林語堂文學專題、胡適專題等，學生應該會感興趣。此外，如文學流派的課程，也可以酌量開設，如新月詩人專題、京派與海派、台灣三大詩社、鄉土文學專題等，從文學社團流派的角度來認識現代文學，應該是一可行且重要的路徑。

㈢　文學思潮課程應該多予重視

現代文學教學不能不碰觸到文藝思潮的流變問題，西方文藝思潮對五四文學、台灣當代文學都有巨大影響，因此，這類專題課程的開設十分必要。雖然在單一文類的講授中可能會提及，但整體性、歷史性的介紹也不宜忽視。目前所見的有「二十世紀文藝思潮」（大葉：彭雅玲）、「現代性與台灣文學」（政大：陳芳明）、「現代文學思潮」（東海：洪銘水）、「百年藝文人物專題研究」（中央：康來新）等，為數不多。如何從現代文學史課程中獨立出來，開設新課，是值得思考的方向。

四、結　語

今日現代文學教學的處境，和十年前相比，確實已有大幅改善。在師資上，以現代文學為專業者日漸增多，他們的投入教學，對現代文學教學必然會產生積極而正面的提升作用；在教材上，以現代詩、小說、散文較多，特殊文類如報導文學者、文學史類的專著（不論是台灣文學史、中國現代文學史或大陸當代文學概論）則相對薄弱，希望未來能有更多學者投入這類專著的寫作行列中；至於在課程安排上，現代文學佔全部課程的比例仍偏低，唐翼明〈引幾個數字來看看——談中文系的現代文學課程〉（《國文天地》1996 年 1 月號）一文就指出，國內中文系、所的現代文學課程只佔全部課程的十分之一左右，和大陸百分之三十以上的比例相較，確實有其持續擴充的必要與成長的空間。

現代文學在教學上的成長是顯而易見的，如何進一步在深度、廣度上經營，教育行政體系如何配合與支持，則有賴大家一起努力。速成式的突飛猛進在教育上是不切實際的，唯有一點一

滴做去，花開滿園的理想才有可能實現。

──收入文建會《1999 臺灣文學年鑑》

現代文學教學的三化四熱

一、太陽正對著現代文學微笑？

　　我們都聽過類似的「故事」：有人因熱愛新詩創作，在讀國文研究所期間，被所長找去訓話，其後多年只敢用筆名「偷偷」寫作投稿；有人因以現代文學爲碩士論文，考博士班一直不順遂；也有人因升等論文研究現代文學而橫生波折⋯⋯和古典文學相比，現代文學在大學中文系中曾有過一段不算短的「黑暗期」，視而不見，存而不論，是昔日以「國學」爲主體設計的中文系普遍的心態。陳啓佑在《1998 台灣文學年鑑·現代文學教學簡介》中說：「長久以來現代文學在各級學校遭受排斥、壓抑，與古典文學的地位，判若雲泥；⋯⋯回憶一、二十年前，研究所學位論文倘以現代文學爲研討對象，往往被鄙視，更有甚者，影響繼續深造的機會⋯⋯」可以說，刻意（或無意）的漠視與打壓，

是現代文學過去在中文系中難以發揚光大的主因。

　　除了「系務負責人在心態上不夠開放」外，王國良在《現代文學教學研討會專刊‧序》中還指出：「專業師資缺乏，文獻資料貧乏，以及相關教材不充足又不理想，更是現代文學教育難以全面推展的重要因素。」當然，早期由於環境氣氛、師資、教材等主客觀條件的限制，未（普遍）開設現代文學相關課程是可以理解的。自七〇年代起，這類課程開始「多」了起來（其實是少得可憐），如台師大的「新文藝習作」、東吳的「新文藝概論」等，但和古代文學比起來，也只是聊備一格。即使到了九〇年代，「國內中文系、所開設的現代文學課程只佔全部課程的十分之一」，「僅開一門現代文學課程的都有好幾所大學」（見唐翼明〈引幾個數字來看看——談中文系的現代文學課程〉，《國文天地》1996年1月），既不能滿足學生的強烈需求，也無法充分建構現代文學的學科化、系統化，這不能不說是一種遺憾。

　　現代文學的學科化，至少應涵蓋以下基礎課程：（現代）文學概論、現代詩選讀、現代散文選讀、現代小說選讀、現代戲劇、中國現代文學史、台灣文學選讀、台灣文學史、文學批評等。學生應研修以上課程，才算是對現代文學有一定的認識。然而，課程規劃能如此完備的學校不超過十所，能經常性的開設一些現代文學重要的次文類課程如兒童文學、報導文學、傳記文學、電影文學者，更是寥寥無幾。這和大陸大學中文系重視現／當代文學的程度有不小的差距，以武漢大學為例，現／當代文學已佔中文系開課總門數的百分之四十多，上海復旦大學佔百分之三十多，蘇州大學也佔了百分之三十。雖然在數量上不盡令人滿意，但近幾年來，台灣的中文系對現代文學的態度（觀念）與重視程度確實

有了很大的轉變：由大學中文系（文學院）主辦的現代文學會議，
次數愈來愈多，規模愈來愈大，主題愈來愈精緻、多元、深入；
課程安排上也日益豐富；研究生以現代文學為學位論文者堪稱趨
之若驚，其中又以台灣文學的發展最是令人側目，稱之為「顯
學」並不為過。這些轉變，著實令人振奮。從漠視到重視，從打
壓到鼓勵，從聊備一格到不可或缺、多元發展，現代文學在中文
系雖然不能說是「太陽對著現代文學微笑」（借韓小蕙〈太陽對著散
文微笑〉一文用語，1991 年 11 月 28 日《文學報》），但至少已走過了「黑
暗期」，而且前景正當看好。

　　大勢不是一下就到眼前來，它經過了二十幾年的調整改變，
只不過，這三、四年來的變化似乎特別明顯，也特別耐人尋味。
限於篇幅，以下不談教學活動或教材編寫等問題，而僅就主要的
師資結構與課程設計兩部分，提出一些個人觀察所得以供參考。

二、師資三化：專業化、年輕化、作家化

　　一般來說，現代文學師資由於近年來以現代文學學位論文獲
得博、碩士者日益增多，因此專業化、年輕化的現象明顯（當然並
非指以前的師資不夠專業，這點留待後述），而大學體制鬆綁，作家駐校
形成風潮，加上許多現代文學研究者本身就是創作者，因此，和
中文系其他領域師資相比，從事文學創作者較多，這也成為一項
特色。以下針對這三點加以說明。

1. 專業化

　　這項特色的形成其實是很自然的。各校聘請專任師資多以學
術專長為主要考量，隨著貴古賤今心態的調整，以現代文學為學
位論文者漸多，中文系徵聘人才幾乎都要求須具備博士學位，且

開列專長領域，如此一來，博士論文的學術選擇，往往成爲學術專長認定的客觀標準之一（通常是主要認定標準），研究經學、義理者不能來應徵現代文學專長自是必然，而研究古典詩詞或戲曲者，同樣不能來應徵，換言之，必須是以現代文學爲研究對象且有一定成績者（學位論文是其中重要的一項成績），才能成爲中文系現代文學專任師資。其優點是因著學位論文的收集資料、撰寫，有專一且長期的浸淫，專業化的訓練較充分，較易勝任相關教學工作，但其缺點也不是沒有，和古典有意或無心的自然斷裂即是其一。碩、博士論文皆以現代文學爲主題者，其與古典文學通常會較疏離（雖然不能一概而論），這樣的「專業化」是頗令人憂心的。

　　由於現代文學學位論文的寫作是近一、二十年來才風氣漸開，這些論文的指導教授本身並不一定專研現代文學，但他們多半有深厚古典學養，或轉型，或跨領域（當然也有因個別師生情誼而掛名，並不因此跨領域），或以第二、三專長姿態，投入現代文學研究和指導工作，由於兼擅古今，出入文史，往往別有洞見，和他們培養出的學生輩「專業化」地研究現代文學相比，其實並不遜色，甚至視野、才識與分析能力更勝一籌。以新任東華大學人文學院院長顏崑陽爲例，他的學術專長在莊子美學、古典詩歌、文學理論，甚至出版古典詩集，但他的小說、散文、評論一樣出色（他的博、碩士論文不是現代文學，而是《莊子自然主義之研究》、《莊子藝術精神析論》），以今天標準來說，不是這個「專業」，但他在創作、研究、指導現代文學方面的「專業」表現同樣備受肯定。類似的例子還有李瑞騰（研究六朝詩學、晚清文學）、趙衛民（研究莊子、老子）、渡也（研究遼代文學、唐代山水小品文）、游喚（研究文選學）、何寄澎、柯慶明、唐翼明、張素貞、沈謙等多人。我不想誇大古

典訓練對現代的重要性，但逐漸的疏離到完全的疏離恐怕對現代文學（研究與教學）的進一步發展有礙，近幾年來的學位論文寫作已隱然有此趨勢，值得我們加以正視。

2. 年輕化

近幾年來，因著退休制度的考量與個人生涯規畫，中文系（其他系所亦然）的師資產生較大幅度的異動，或退休，或轉換他校，人事交流頻繁。這一波大換血，改變了許多原有的版圖、結構，有人認為世代交替已然成形。以現代文學來說，目前在大學專任的師資已經大幅年輕化，試看以下這些部分名單，年齡都在四十歲以下（也就是說，如五十五歲退休，他們可教十五年，如六十五歲退休，他們將教二十五年）：張曼娟（1961，東吳）、游勝冠（1961，成大）、洪淑苓（1962，台大）、張堂錡（1962，政大）、楊翠（1962，靜宜）、郭強生（1964，東華）、黃雅歆（1964，國北師）、衣若芬（1964，中研院）、范銘如（1964，淡江）、張瀛太（1965，暨南）、陳玉玲（1965，國北師）、方群（林于弘，1966，國北師）、須文蔚（1966，東華）、黃錦樹（1967，暨南）、唐捐（劉正忠，1968，東吳）、鍾怡雯（1969，元智）、郝譽翔（1969，東華）、石曉楓（1969，台師大）、陳大為（1969，南亞）、李癸雲（1971，成大），此外還有不少兼任及將拿到學位進入「就業市場」者，這些年輕的師資除少數外，博士論文都已是現代文學專業，他／她們在中文系顯得年輕而活躍，也都在現代文學課程上發揮所長，堪稱現代文學教學的生力軍。

3. 作家化

這裏的「作家」指的是現代文學創作者（因為在大學中也有不少創作古典詩文的『作家』，如簡恩定、陳慶煌、張夢機等），在中文系較年輕的現代文學師資，幾乎都喜歡（擅長）於創作，不管是因為喜歡

創作而選擇現代文學專業，還是因教授現代文學，耳濡目染，提筆寫作，總之有創作經驗者，對正富於創作欲的大學生而言，具有引導與示範作用。近年來，這類「作家」面貌清晰的師資，在大學校園中日益增多，產生不小的影響，如「學院詩人群」（蕭蕭、白靈、向陽、林建隆、簡政珍、王添源等）、張曼娟也帶領一群學生成立「紫石作坊」，對校園創作風氣的推廣有一定正面作用。而且，校園中的文學獎競賽，也大多由現代文學師資來企劃、推動，作家的培養與傳承，幾乎是中文系責無旁貸的使命，過去有些人認為中文系出不了作家，因為缺乏現代文學課程的引發，缺乏師資的指導等等，這是似是而非的說法，其實出身中文系的作家不少，從琦君、黃永武、張曉風、林文月、張健到簡媜、廖玉蕙、陳幸蕙、吳淡如、陳義芝等（當然，中文系是否要擔負培養作家使命，因為寫作說到底是個人的事等可以另作討論），輕易就可以開出一長串名單。

目前中文系的現代文學師資，本身不創作，完全以論證、解析、批評為主的已經不多，佔大宗的是學者兼作家，一手研究一手創作，而且這類師資多在大學部授課，使「作家化」成為明顯的特徵。早期的中文系教師，學者的面貌大多掩蓋其作家本色，而少為人知，如陳郁夫（東吳）研究宋明理學，但他出版過小說集《漁歌子》；楊昌年（台師大）早年出版過小說集《會哭的樹》、散文集《明天》；張春榮（國北師）曾出版散文集《鴿子飛來》、小說集《含羞草的歲月》；簡錦松（中山）也出版過散文集《不會飛的蒼蠅》等。但近幾年來，中文系的現代文學師資不少卻是作家身份突出，如張曼娟、廖玉蕙、張瀛太、陳義芝、黃雅歆、駱以軍、周芬伶等，也有的是兩棲作戰，成果輝煌，如焦桐、向

陽、陳芳明、黃錦樹、馬森、龔鵬程、李瑞騰、呂正惠等，再加上作家駐校的風氣已開，校園文藝營經常性的舉辦，現代文學的演講活動也沸沸揚揚，「作家化」將會持續地延續下去，而成爲中文系師資的一項特色。

三、課程四熱：本土熱、理論熱、實用熱、專題熱

在現代文學課程安排上，各校因其師資而多寡不一，但現代詩、現代散文、現代小說三門，幾乎每校都已開設（包括師院語教系），從《文訊》所提供近四十所大學、師院及文學所的課程加以分析，可以發現四個熱點：本土熱、理論熱、實用熱與專題熱。這四個熱點不僅已充分表現在課程的設計上，而且隨著社會需求與學生要求的日益強烈，這四個熱點在未來仍將繼續發燒。

1.本土熱

根據資料，目前大學中文系與師院語教系幾乎都已開設了台灣文學相關課程（華梵大學中文系、台北大學中語系等少數無此類課程），從古典到現代，從台灣文學史到台灣文學作品選讀，少則開一門課，多則五、六門。如政大中文系／所有「台灣文學史」、「台灣文學選讀」、「台灣地方戲曲概說」、「台灣民俗概論」、「台灣文學專題研究」、「現代性與台灣文學」等六門；成大中文系／所也有「日據時期台灣小說專題研究」、「台語文學研究專題」、「台灣說唱與民間小戲專題研究」、「賴和文學專題研究」、「台灣古典文學專題研究」等。以師院語教系爲例，國北師就開設有「台灣兒童文學」、「台灣文學概論」、「台灣文學選讀」等三門，即使是強調中文應用的台北市立師院應用語言文

學研究所也有一門「台灣現代文學專題研究」。可以說,在現代文學漸受重視的今日,台灣文學已異軍突起,來勢洶洶,因為不僅中文系、語教系紛紛開設此類課程,台灣文學系／研究所的設立,更在政府政策的鼓勵下陸續出現,如眞理大學的台灣文學系、成大的台灣文學研究所、新竹師院的台灣語言與語文教育研究所等,而清大、靜宜等校也加快步伐,足見本土熱潮早已席捲各校。

　　一般來說,現有的台灣文學課程以「台灣文學概論」、「台灣文學選讀」最多,「台灣文學史」次之(不論中文系、語教系或一般通識課程大多呈現此一態勢),這些課程被列爲必修的不多,因此對現有的中文系課程架構尙不構成影響(何況也只有幾門課而已),但未來除非各校都成立台文系,否則台灣文學課程在中文系的比重應該會逐漸增加,屆時台灣文學、現代文學、古典文學三類課程將產生版塊擠壓效應,至於會如何消長、重組,也只能拭目以待了。

　　2. 理論熱

　　九〇年代以來,強調以西方理論解析、觀察現代文學的課程開始大量出現,後現代主義、後殖民論述、女性主義、酷兒理論、符號學、接受美學等一大堆新興術語突然成爲中文學界研究論述的主流話語,文學批評界的「新方法熱」正方興未艾。除了媒體、出版、研討會外,足以印證此一趨勢者是學院中相關課程的與日俱增。以女性(主義)文學爲例,中文系／所曾開的課程就有政大「台灣文學專題研究:女性主義小說理論」,淡江「婦女文學」、「女性小說選讀」、「女性主義文學批評」,靜宜「女性主義與流行文化」、「女性主義與文學批評」、「台灣文學與

女性主義」，台東師院「女性主義文學」，東華「女性主義文學專題」，清大「女性書寫」、「五四專題研究：女性主義觀點」，中山「女性文學專題討論」等。至於外文所、比較文學所開設的相關課程就更多了。除了女性主義，我們還看到中文系／所針對其他西方理論設計的課程如「台灣文學專題研究：後殖民理論」、「文學社會學」、「現代文學理論專題研究」、「台灣現代主義文學專題」、「西方文學理論研究」、「當代文學理論批評」、「當代文學理論導讀」、「文本與性別主題的再現」、「心理分析與台灣文學」、「文學理論與台灣文學專題」、「接受與詮釋專題討論」、「中西文學理論」等，林林總總，呈顯出現代文學理論受到重視的程度，這和過去以中國文學批評為主（而且只有一門「文學批評」）的傳統已有很大的不同。

3. 實用熱

這是頗令人驚訝的現象。現代文學的實用性被如此重視不過是近幾年的事（雖然已往也有幾所學校零星、斷續地開了幾門課），和過去只修習一門「應用文」，寫寫公文、書信的實用性不同，現在學院中開始普遍設置了與編輯、採訪（報導文學）、創作相關的課程，而且受到學生歡迎。這和中文系學生畢業出路有關，同時也顯示出現代文學與社會脈動之密切與應用性之廣泛。在具備良好、專業的文學訓練後，如果能學習幾門應用課程，對學生的出路、視野都有幫助。目前設有編輯採訪方面課程（包括編輯學、編輯與採訪、出版學、企劃寫作、廣告文案、青少年刊物、新聞學概論等科目）的中文（語教）系／所至少有二十三個，其中值得一提的是暨南大學中文系，在實用性科目上就開了「新聞寫作」、「企劃案構思與寫作」、「編輯設計及實作」、「版面設計及實作」、「出版學

導論」、「圖書編輯理論與實務」、「中國圖書史」、「應用文及習作」等八門課，堪稱豐富而新穎。開設「報導文學」課程的至少有台大、政大、台師大、東海、東華、嘉義大學、台北市立師院等九校。至於與現代文學關係密切的創作實務、寫作指導、創作經驗談等實用性的寫作課程，也有暨南、華梵、中正、南華、東華、元智、國北師、市北師等十餘校，這類課程和以往習見的「現代詩選讀及習作」、「現代散文選讀及習作」、「新文藝習作」略有不同，它以實際寫作為主，創作理念、技巧、經驗的講授，以及多次習作與批改討論是主要教學活動內容，而非上述課程一學期二、三篇點綴了事。

除了編採實務、創作訓練外，具實用性質的課程還有「篆刻研究」（華梵）、「篆刻學」（逢甲）、「篆刻藝術與習作」（清大）。當然，更多的是「中文文書處理」、「文獻資料處理」等電腦文書處理課程。這些實用課程的比重日益增加，說明了中文系（語教系）因應時代社會變遷所做的積極調整。跨學科領域的結合，是將來必走的道路，由此看來，實用熱的現象其實是不必訝異的。在實用熱中，現代文學可發揮的空間勢必愈來愈寬廣。

4.專題熱

現代文學課程的設計，除了傳統的概論、導（選）讀性科目外，單一主題的專題性科目近年來也陸續出現，和過去集中於四大文類、文學史的現象也有了一些轉變。這些專題課程的開設，與師資專長有關，隨著教學者研究面向的改變或人事異動，這些課程通常變動性較大。以大學部來觀察，會發現已有不少適合的專題性科目已在嘗試開設，使現代文學教學更具挑戰性與開拓性，如臺大有「神話與大眾文學」、「台灣當代小說與性別文

化」，清大有「台灣新詩名家選讀：（一）林亨泰」、「魯迅作品選讀」、「丁玲與張愛玲作品選讀」、「中國鄉土小說選讀」、「當前文藝問題研究」，暨南有「近代學人自傳選讀」、「新文化運動」、「傳記文學」，文化大學有「張愛玲作品研究」，東海有「魯迅專題」，靜宜有「台灣原住民文學」、「少年小說」，淡江有「武俠小說」，交大有「現代小說專題：台北人」等。至於中文研究所的課程更是多以專題研討形式設計，新的文學思維與研究程度的深化，也可以從一些別具特色的專題課程窺知，如成大有「賴和文學專題研究」、「台語文學專題研究」，政大有「現代性與台灣文學」，清大有「魯迅專題研究」，中央有「百年來文藝思潮專題研究」、「城市文學專題研究」、「台灣文學論爭史」，暨南有「魯迅與周作人專題討論」、「三四十年代文學研究」、「郁達夫與浪漫文學專題」等。這類專題性課程近幾年來相繼開設，相信隨著現代文學研究者知識結構的擴大，這種創造性的探索將會愈來愈受到重視。

四、開拓新領域，打開新局面

　　現代文學經過一代一代學者的投入研究，從文學史、文學理論到文學相關技巧、類型、現象等，都有出色的科研成果，使現代文學學科化工作順利完成，如今，這門學科已經不再年輕，它需要持續進行分門別類、有系統而細緻的剖析，也必須在思維方式上有新的突破，開展多學科的綜合研究，從現象論進入到實體論、本質論，只有新領域的開拓，才能打開新的局面。現代文學的教學必然（通常）與研究成果、趨勢產生密切的互動，從中文系的相關課程安排、師資結構及其背後的知識結構來觀察（可惜本文

無法針對知識結構部分做進一步分析，例如教學者的學位論文題目、國科會研究專題、出版專業著作等），我們應該同意，現代文學在中文系（語教系）中不可或缺的重要地位，以及未來寬廣的發展性。許多不足（尚待努力）的地方，如實用科目（特別是寫作訓練）的小班教學，微觀研究與文本精讀的基本功訓練，在「學術不景氣」中激發對現代文學閱讀、創作與研究的熱情，研修學分與課程種類在質量上的增加，相對「冷門」的課程（如「大陸當代文學」）不宜忽視等，都有待我們花更多力氣去思考，用更大的智慧與熱情去調整、完成，否則，太陽恐怕不會一直對著現代文學微笑下去吧！

——《文訊》雜誌 2001 年 11 月號

現代文學教材編寫現象之
觀察與建議

一、現有教材編寫之特性與不足

　　現代文學相關教材的選用及編寫，涉及到師資的專業、教學目標的確定、教學方法的設計及整體學程的規劃，加上中文系／所、通識／本系、學期／學年的不同要求，呈顯出五花八門、各取所需的繁複現象。不論是以挑選市面上現有的書籍爲主要教本，或是自己（或三五同道）動手編寫，還是以學校教科書的名義全校適用（如空中大學的《現代文學》教科書），甚至不用教本，而以單篇論文或作家作品來討論、講解，都有其教學上的種種考量，得失優劣本就難免，面面俱到自屬強求。因此，如何結合師資本身的興趣、專業，透過質量適切的教材，生動活潑的教學方法，達到引導學生對現代文學產生興趣、培養其主動接近現代文學的習慣（且不論進一步能從事創作、批評或研究），本身就已是一項極

富挑戰的教學藝術。

　　目前大學中文系所已從過去的忽視現代文學，到普設小說、散文、新詩、戲劇四大文類的介紹、習作，進一步發展到文學思潮、文學理論、文學史、跨類型（如新聞與文學、電影與小說）、新類型（如旅遊文學、廣告文學、台語文學、單一作家專題）等或深或新的嘗試。其與古典文學的比例固然仍需調整，但其逐漸受到重視，甚至未來有自成系統的獨立發展趨勢（如台灣文學系所的廣泛設立），已是不爭的事實。在這種需求日殷、前景可期的情勢下，相對豐富、完整、多元的教材卻似乎仍顯得薄弱、不足。

　　以大陸當代文學的介紹為例，國內出版社如遠流、麥田、洪範、業強、時報、新地等，都有質量俱佳的作品引進，相關的評介也常見於報刊，然而，近幾年來，大專院校中文系所開設大陸文學相關課程的學校並不多，僅有台灣師大（楊昌年「兩岸當代文學討論」）、文化大學（宋如珊「大陸當代文學選讀」）、南華大學（陳信元「大陸文學專題」）、清華大學（呂正惠「當代大陸小說」）、淡江大學（施淑女「中國當代文學」、「當代大陸文學專題研究」）、暨南大學（徐國能「兩岸現當代文學」）等校設置，以兩岸交流的密切與未來發展的必然性來看，這當然是不足的。不足的原因應是以師資缺乏為主，但教材的嚴重缺乏也是原因。

　　相對於作品的大量引進，我們看不到完整系統的《大陸當代文學概論》或者是單一文類如《大陸當代散文概論》之類的書，雖然我們看到文建會出版了一套九冊有關大陸新時期文學概況的書（1996），但內容稍嫌簡略，加上分冊眾多，時間上集中於新時期，做為補充教材較適宜。至於其他可見的相關著作，如《從台灣看大陸當代文學》（陳信元著，1989）、《大陸新時期文學概

論》（陳信元、樂梅健編，1999），爲單篇論文結集；《大陸「新寫實小說」》（唐翼明著，1996）仍是以近二十年大陸文學爲主；即使很難得地由本地四位學者皮述民、邱燮友、馬森、楊昌年合力編寫出版《二十世紀中國新文學史》（1997），其中有大陸當代文學概論，但也只能鳥瞰，無法深入。倒是由復旦大學陳思和教授主編、聯合文學出版社出版的《中國當代文學史教程》（2001）能夠兼具宏觀思潮演變與文本微觀探析，應是頗爲適切的教本，但對歷史背景、政治運動相對陌生的本地學生而言，必須再參考相關材料才能眞正讀透編寫者的文學史觀與整體思維。因此，如果不算是一種苛求的話，希望能有由本地學者的角度觀察，對大陸1949 年以來的文藝思潮與代表性作家作品深入評介的完整著作出現，我想這恐怕仍是相關教學工作者的殷切期盼吧。

　　報導文學的教材也是如此。除了《現實的探索》（陳銘磻編，1980），以及文建會出版的《文藝座談實錄》（1982）中有較詳細的理論探討之外，我們只能零散地找到李瑞騰、高信疆、林燿德和一些報導工作者的經驗談與回憶文章，仍然缺乏有系統的相關著作。這與大陸上對報告文學的重視與相關書籍、論文的出版質量相比，確實需要更多人投入整理工作。九歌出版社曾經出版了《台灣文學二十年集：1978 － 1998》一套四册，分評論、小說、散文與新詩，這當然也可作爲近二十年台灣文學課程的教材，然而，報導文學近二十年來豐碩的成果依然被漠視，相關的論文仍是「散見各報刊」。這個明顯的不足，在楊素芬《台灣報導文學概論》（2001）出版後，終於得到遲來的彌補。做爲第一部台灣本土報導文學研究專著，相信對這門課程的教者而言，應該值得採用，如能配合《台灣報導十家》（陳銘磻編，2000）的作品研

讀，對學生而言應已足夠需求。其實，文學思潮、台灣文學史和中國現代文學史等課程的教材亦有相似的窘況，一味依賴大陸學者著作的結果，必須在意識型態的糾葛中做費時費力的講解，而「詳現代，略當代」的普遍現代文學教材的書寫，其無法滿足教學所需亦屬必然。

當然，做為後起的新興學科，其和小說、散文、新詩、戲劇相比，在教材上的明顯不足可以理解，因為，即使是這些已有多年開課歷史的科目，教材的編寫、選用空間還是存在一些問題，如當代作家作品的版權取得、編選者的個人趣味、質量與授課時間的相適性等，都需要進一步克服、拓展。

二、一個編寫方向的可能性

現代文學的教材，雖然在教學經驗豐富者的精心設計下，不依賴一本主教材仍可進行得活潑、成功，然而如果能有一、二部質量適中的實用性教材，將可減少諸如大量影印（費錢）、零散缺乏系統、不易保存、抄筆記（費時）等困擾，於是，有一些教學者「自力救濟」，編寫出版了一些相關的教材（如李豐楙、何寄澎等人編著的《中國現代散文選析》等），以此為基礎，使用者可另行補充或強化，堪稱方便而實用。因此，如果能結合各大專院校中文系所中的現代文學師資，透過專案計畫，在教育部或國科會等單位的經費補助下，鼓勵編寫「現代文學實用教程」的系列書籍，只需三、五年的時間，這個日顯重要的學程項目將可在教材上有一番新貌。

在「現代文學實用教程」的總名目下，我認為可以朝以下幾個方向進行：

1. **類型**：如現代小說實用教程、現代詩實用教程、報導文學實用教程、現代文學批評實用教程、兒童文學實用教程等。
2. **歷史**：如現代文學史實用教程、台灣文學史實用教程、大陸當代文學史實用教程、現代小說史實用教程、日據時代台灣小說實用教程等。
3. **作家**：如魯迅專題實用教程、張愛玲專題實用教程等。
4. **作品**：如台灣現代散文選讀實用教程、大陸當代小說選讀實用教程等。
5. **主題**：如旅行文學實用教程、女性主義文學實用教程、廣告文學實用教程、電影文學實用教程、大眾文學實用教程等。
6. **其他**：如台灣當代文藝思潮實用教程、現代文學創作理論實用教程、採訪寫作實用教程等。

以上僅是簡略的舉例，每一項都可以依時間細分為近代、現代與當代，也可以依空間分為台灣、大陸或加上海外華文文學、西洋等，也可以視理論研究或創作指導的不同需求分開撰寫。總之，種類愈多，教材愈專業、多元、豐富，對現代文學教學品質的提昇必有助益。每本字數以十萬字為限，除正文外，每一章節的設計以兩堂課的量為主，並要有「活動設計」、「配合閱讀書目」、「自我評量題目」等配套設計。相信編寫者的用心設計，可以激發出其他使用者的創意，使教學更為活潑與生動。每所大學或中文系所，可依自身的師資做重點發展，在教育部的經費補助或與大型出版機構合作下，假以時日，這一系列叢書將可成為台灣現代文學研究、教學傲人的跨世紀成果。教育部顧問室持續贊助「現代文學教學研討會」，對現代文學的推動、深化，必然

能產生積極而廣遠的影響，如果能結合國立編譯館、各大學研究人力，進行上述的教材編寫工程，很快就能呈現成果，而且，相關教學活動品質的提昇也可以在師資、教法的配合下立竿而見影。

武功高強者，可以在臻於化境後將秘笈拋開，教學經驗豐富者對教材的運用也能得心應手，然而，教科書的編寫和學者各自的研究著述並不相同，只要「相關」的著作都可以做為教科書的作法也並不恰當。教科書的編寫需顧及教學品質、數量、目標、效果與評量，和個人研究的大發議論、洋洋灑灑是兩回事。是否一定需要教科書，這當然是可以討論的，但如果承認一本主教材的使用對教學效果有其助益的話，則我們很期待有更多教學經驗豐富者能投入編寫行列，提供效果不錯的活動設計，將自己的秘笈公開，以供後進師資及有心自修者參研。

——本文為 1998.5.2 於淡江大學舉辦之「現代文學教學研討會」上之座談引言，2001.10 增修而成。

台灣文學的傳播與教學

一、前　言

　　文學傳播（literature communication）在作品（文本）、作者、受衆、媒介、社會五個基本元素的互動組成下，形成極其複雜的網絡關係。人類的傳播行為，其主要類型可分為自身傳播、人際傳播、組織傳播與大衆傳播四種，這四種又可以簡單分為人際傳播與大衆傳播兩種，其間的差異主要是大衆媒介（mass media）的有無。大衆媒介則包括了書籍（出版）、雜誌、報紙、廣播、電視（影）、唱片、錄影（音）帶、廣告、網路等。文學在傳播的過程中，毫無疑問地須借助以上這許多通道（channel）來發揮其影響力，如此便形成了文學傳播的複雜現象。台灣社會幾十年來工業化、商品化、電子化的高度發展，促使文學傳播的型態、方式有了多元的呈現與開發，連帶對台灣文學的形成與發展也產生了

共生共榮的推動作用。

　　至於有關台灣文學的教學，現在在大專院校中幾乎已是一門顯學。根據資料，「台灣文學」以一個科目名稱首次出現在大學校園，是七十七學年度下學期李瑞騰於淡江大學中文系所開設一學期兩學分的課程。時隔十餘年，台灣文學相關課程不僅在數量上多元豐富，在質的精進上更令人刮目相看，其興起之速、影響之深、層面之廣，大概很少有其他課程可以比擬。新課程的廣泛開設，相關教科書的編寫，研討會的舉行，學位論文的研究等，環環相扣，共構出一門新興學科蓬勃的生命力與值得期待的遠景。事實上，教學活動本身即是文學傳播的通道之一，它的重要性也許並不亞於報章雜誌等平面媒介的傳播。因此，以下將分從文學傳播與教學（主要是大專院校）兩部分加以述介，相信將有助於對台灣文學的理論基礎與應用發展有不同角度的認識。

二、台灣文學傳播現象概述

　　台灣文學的傳播現象，錯綜複雜。本文將從以下五個不同的切面來剖析、檢驗，這五個切面也正是五個與文學發展密切相關的媒介，分別是報紙副刊、文學出版、文學雜誌、文學網站以及視聽文學。分別敘述只是為了便於說明，其實這五者之間互動頻繁，既競爭又合作，共同營造出台灣文學百花齊放的繁榮麗景。除了這五種主要的傳播方式之外，還有諸如新書發表會、作家簽名會、讀書會、以文學為主題的旅遊活動、地方性的文學獎、作家紀念館的設立等，都是台灣文學時興的傳播方式，雖「小眾」卻也有可觀焉，但限於篇幅，只能點到為止，無法進一步詳細說明。

㈠　文學副刊

　　五〇年代的台灣社會，外有中共「血洗台灣」，內有戡亂戒嚴的雙重恫嚇，不免陷入白色恐怖的譟動不安。文壇多由大陸來台作家包辦，省籍作家相對沉默。1955 年「中華文藝協會」倡導推展軍中文藝，作家孫陵在《民族副刊》上提出戰鬥文藝，一時氾濫，形成八股教條。林海音擔任聯合報副刊主編，繼承「文學副刊」傳統，提攜不少年輕作家，林懷民、黃春明、七等生等的第一篇作品都發表於聯副，她也重視省籍作家，鄭清文、鍾肇政、鍾理和、楊逵、陳火泉等人作品都曾發表於聯副。六〇年代的台灣副刊，基本上延續此一文學副刊傳統。平鑫濤主編聯副，柏楊主編自立晚報副刊，中央日報副刊則是孫如陵掌舵，副刊以靜態呈現爲主。到了七〇年代，威權逐漸解體，1977 年，彭歌在聯副「三三草」專欄上發表〈不談人性，何有文學〉一文，點燃了鄉土文學論戰，作家透過副刊場域紛紛爲文討論、撻伐，一時煙硝味四起。至於副刊本身的變化，則是從靜態的文學副刊轉向企劃編輯、主動出擊的文化副刊。高信疆主編中國時報《人間副刊》（1973－1983）期間，將文化副刊理念充分實踐，「當代中國小說大展」、「現實的邊緣」報導文學系列、「當代中國武俠小說大展」、「時報文學季」、「陳若曦作品專輯」等，開啓了文化副刊的新時代。至於新詩論戰的「關唐事件」，也在《人間副刊》上引發。此外，聯副主編瘂弦（1977－1998）則企劃了「新聞詩」、「傳眞文學」、「作家出外景」、「極短篇」等專欄，都曾引起廣大的迴響。

　　到了八〇年代，副刊已成衆聲喧嘩的文化競技場。1982 年詩人向陽接編自立晚報副刊（1982－1986），推出台語文學、出版月

報、民俗月報等，扮演了在台灣報紙副刊中清晰地以台灣為主體的角色。至於《人間副刊》則開始推動反省、批判本土及展開國際視野的風潮，其中給台灣社會帶來極大衝擊的是龍應台開闢的「野火集」專欄所引起的「野火現象」。1988 年 1 月 1 日解除報禁，各報副刊紛紛開闢「第二副刊」戰場，如中央日報的《長河》、聯合報的《繽紛》等，擴大了副刊版圖，台灣報業也進入激烈競爭的戰國時代。進入九○年代後，隨著台灣消費時代的來臨，以及影像當道、媒體充斥的環境現實，副刊的影響力日趨式微，中時晚報及聯合晚報副刊相繼停刊即是一大警訊，也因此有了副刊是「夕陽工業」的說法。不過，1997 年 1 月，聯副盛大舉辦了「世界中文報紙副刊學術研討會」，「為副刊的頹勢打了一劑強心針」（向陽〈1997 年台灣文學傳播現象觀察〉）。聯副因刊載李昂小說〈北港香爐人人插〉而掀起「北港」風潮，以及引起廣泛討論、爭議的「台灣文學經典」票選活動等，亦足見副刊之文學傳播功能與氣勢依然存在。

五十年來台灣文學副刊發展簡史，其實就是一部台灣文學史。可以說，若沒有副刊的推波助瀾，台灣文學的發展肯定遲緩許多、遜色許多。雖然，近幾年來副刊的影響力已不如從前，但隨著副刊上網、電子報的日漸被接受，副刊轉變型態在另一個戰場上重建聲威，應該不是夢想。

(二) **文學出版**

文學圖書的出版，是文學傳播不可或缺的一環。事實上，在電腦、電子書尚未興起之前，書籍的出版一直是文學傳播的重心。作家寫書，出版社出書，書店賣書，讀者買書，不論是昔日以書為知識象徵的文化概念，還是今日成為商品經濟下的消費概

念，作爲平面文字傳播媒介的書籍，仍然是大多數「讀書人」心中不可取代的主要傳播媒介。文學的傳播也通常以書籍出版爲其基礎，讀平面文字的書籍，依然是接近文學、認識文學最主要的閱讀行爲模式。

文學書籍的出版，因其自身文化商品的本質，與時代社會的脈動始終有著極密切的關係，也或者說，文學一貫以反映社會、時代、人心的變化爲其使命與功能，因此，它的現實性使它自然成爲時代的鏡子、社會的紀錄。五〇年代台灣的反共戰鬥文藝，使姜貴《旋風》、張愛玲《秧歌》、《赤地之戀》等受到矚目；爲激勵人心，抗日作品如王藍《藍與黑》、徐速《星星月亮太陽》、紀剛《滾滾遼河》等，一時風行。到了六〇年代，現代主義、存在主義的盛行，使王尙義《野鴿子的黃昏》成爲暢銷書；出國留學爲當時風潮，於是有了於梨華的小說《又見棕櫚，又見棕櫚》等。七〇年代的台灣，活躍文壇的作家如王拓、楊青矗、宋澤萊、黃春明、洪醒夫、鍾肇政、王禎和等，以其一部部充滿鄉土氣息的作品，爲回歸本土的七〇年代做了最佳見證。八〇年代因爲解嚴，兩岸交流頻繁，大陸作家作品湧至，莫言的《紅高粱家族》、蔣子龍《蛇神》、馮驥才《怪世奇談》、陸文夫《美食家》、王蒙《加拿大月亮》等一批批出版，甚至連兩大報文學獎的獎項也被大陸作家「攻佔」，文壇一時震撼。

世紀末的台灣文學出版，基本上大陸熱潮已退，多元、另類、後現代風格的作品成爲主流。周芬伶在論及解嚴後十年的小說時說：「在講求包裝宣傳的商業化社會，以文學品味爲訴求的作品漸漸成爲小衆讀物。在經濟不景氣的影響下，許多家出版社紛紛結束營業，文化刊物停刊，繼續經營的出版社以非文學類書

籍為主，大量裁減文學類書籍。長篇小說更乏人間津，有些作家
乾脆停筆不寫。」她對解嚴前後文學發展的最大區別有以下四點
觀察：文化英雄讓位給暢銷作家；嚴肅文學讓位給通俗作品；主
流文學讓位給另類文學；現代主義讓位給後現代。對台灣文學在
二十世紀末的出版生態而言，這個觀察也適用。

通俗與嚴肅，大眾與分眾，經典與另類，中心與邊緣，台灣
文學的出版，正站在一個分水嶺上。

㈢ 文學雜誌

文學雜誌的出版，始終是在堅持文學理想與商品市場的考量
中擺盪、掙扎，而多半難敵商業競爭的壓力，因此停刊、休刊的
消息總是時有所聞。不過，文學雜誌的生命力一如不死的青鳥，
總是前仆後繼，絕地逢生。不管是為求生存的大眾文學、綜合刊
物，還是堅持純文學立場的小眾雜誌，它們都曾為台灣文學的興
盛盡心盡力過，這些文學雜誌本身所串連起的歷史，正就是台灣
文學發展史的縮影。

所謂文學雜誌，是指以傳播文學或以文學為主要傳播內容的
文字平面媒介。它就如同副刊與出版的可以發展為「副刊學」、
「出版學」一樣，對文學雜誌加以系統、深化研究，可以建立起
一門「文學雜誌學」的文藝新學科（李瑞騰〈「文學雜誌研究」專題前
言〉，《台灣文學觀察雜誌》第三期）。然而，過去對此一議題的重視
程度並不夠，《文訊》雜誌曾於 1986 年 12 月製作「文學雜誌特
輯」，《幼獅文藝》曾於 1990 年 5 月製作「文藝雜誌與台灣文學
發展專號」，《台灣文學觀察雜誌》則曾於 1991 年 1 月製作「文
學雜誌研究」專題，探討了《文學雜誌》、《台灣文藝》、《龍
族》、《文學界》等刊物。類此的專題製作雖然還有，但與文學

雜誌的持續發展與豐富成果的呈現相比，顯然是嚴重失衡的。

　　在文學雜誌中，最能見出對純文學理想堅持的應該是詩刊。詩人以其共同理念與創作傾向而結社，因結社而創辦刊物，因此這一類的同仁詩刊特別蓬勃，如台灣現代詩發展史上影響較大的三個詩社：藍星詩社（1954）、創世紀詩社（1954）、現代詩社（1956）都於五〇年代相繼成立，而其詩刊多種，多年來一直是新詩愛好者發表創作與研究、交流情感的中介。在報紙副刊不得不改走文化副刊路線，出版界逐漸向市場經濟靠攏之際，詩刊的存在，不僅是提供發表園地而已，它事實上也成為純文學精神依靠、傳承的家園象徵。從文學傳播的角度來看，它的聲音是微弱的，影響是有限的，地位是邊緣的，但從文學藝術長遠的發展來看，它的作用卻又是不容低估的。

　　以六〇年代的台灣文壇來看，《現代文學》（1960）、《藍星詩刊》（1961）、《台灣文藝》（1964）、《文學季刊》（1966）、《純文學》（1967）等文學刊物的相繼出現，主導了台灣文學的前進發展，功不可沒。尤其是白先勇、王文興、陳若曦、歐陽子等大學生創辦的《現代文學》，在文學創作與西洋文學譯介上的成就上，對台灣文學的影響就十分深遠。進入七〇年代以後，本土詩刊大量湧現，重要者如《龍族》、《大地》、《草根》、《詩人季刊》等，為本土文學地位的建立發揮了重要作用。1972 年創刊的《中外文學》雜誌，由朱立民、顏元叔等台大外文系教授主編，至今依然按時出刊，且口碑不錯，以一份嚴肅、學術性強的雜誌而言，也可算是異數。八〇年代創刊的文學雜誌有《文學界》、《文季》、《文訊》、《新書月刊》、《聯合文學》等，其中的《聯合文學》屬聯合報系下的刊物，而《文訊》屬於國民

黨文傳會，一在文學創作，一在文學史料的整理，二者發行至今，積累了相當豐富的文學材料。九〇年代創刊的則有《文學台灣》、《台灣詩學季刊》、《台灣新文學》、《雙子星人文詩刊》、《中國現代文學理論季刊》等，對台灣文學的重視程度日益加深，由此也可窺見一斑。

　　總之，台灣文學的傳播，文學雜誌所發揮的功能，堪稱專一而持久，且經常引領風騷，扮演實驗、先鋒的角色，掀起文學新浪潮，不可輕忽。

㈣　文學網站

　　網路文學的興起，從某個角度來說，已壓縮了平面媒體的生存空間。雖然它仍須透過「文字」現形，但隨著網際網路的快速發展，bbs、e-mail 的串聯流通，一種強調數位化創作、圖文並呈、對話討論的「網路文學」開始迅速擴張，影響並改變了傳統文學傳播的觀念與通路，以及讀者獲取文學資訊的方式與習慣。不僅對傳統文學市場產生巨大衝擊，促使網路書店盛行，甚至有關網路文學的理論建構也逐漸系統化，其未來發展，特別是對文學傳播的影響值得觀察。

　　作家上網建站，既尋求另一個發聲通道，也提供與讀者直接交流的園地。如 1996 年由須文蔚、杜十三、侯吉諒等人成立的「詩路‧台灣現代詩網路聯盟」，即首開作家上網建站之風氣。其後有許多作家也紛紛設立個人網頁，有的是以作家個人魅力為號召，如「水雲間裏探劉墉」、「在蒼茫中點燈」（林清玄）、「金庸茶館」、「廖玉蕙的個人網站」、「摯愛三毛」（有關作家三毛的介紹）、「管家琪故事網站」、「苦苓笑友會」、「月光海洋」（劉叔慧）、「向陽工坊」、「吳若權讀友俱樂部」、「孫瑋

芒的藝術創作」、「郝譽翔文學澡堂」、「張曼娟心靈航海圖」、「淡如咖啡屋」、「陳黎文學倉庫」、「華娟的遊樂園」（鄭華娟）、「蕭蕭文學三合院」等；也有的是以文學研究、討論為主的網站，如詩人向陽經營的「台灣報導文學網」、「台灣文學與傳播實驗室」、「台灣網路詩實驗室」，學者呂興昌經營的「台灣文學研究工作室」等。

還有一些文學網站，以提供作品投稿、發表為主。如以新詩為主的「心詩小站」、「台灣詩網」、「詩樂園」、「詩海」等；以小說為主的有「風林山火」、「書香園」等。這些無拘無束且能即時互動的文學發表園地，對年輕作家而言，不必像以往一樣需經過平面副刊、雜誌或出書的「洗禮」，即可以將作品「暢通無阻」地「公開發表」，如果作品確實不錯，同樣可以累積知名度而成名，如痞子蔡（蔡智恆）的作品《第一次的親密接觸》、朱少麟的小說《傷心咖啡店之歌》，都是先在網路上被不斷的轉貼及連載，贏得口碑，而後被出版社邀約出書，以文字印刷媒介出現，同樣受讀者歡迎，銷售不惡。因此，網路與出版之間，應有極大的空間可以發展。又如有些文學雜誌會將當期內容擇要先在網路上出現，以吸引讀者，如「秋水詩刊」、「創世紀詩雜誌」、「雙子星人文詩刊」、「詩路·台灣現代詩網路聯盟」等，則是網路與雜誌兩種媒介攜手合作的良好模式。

對傳統平面文字媒介而言，網路的興起既是危機，也是轉機，因其「生機」無限，空間無限，對文學的傳播來說，那是更快速、更開放的文學場域，若能善加利用，對文學的發展肯定會有正面的助益。

(五)　視聽文學

　　文學的傳播，除了倚賴平面文字印刷，也可以透過視覺的影像及聽覺的廣播，甚至於可以說，影像有時比文字表現更吸引人，更能獲得讀者（觀眾、聽眾）的認同。文學作品改編成電視劇、電影、舞台劇，作家作品透過文學節目的介紹，傳播得更廣遠。雖然影像取代文字的威脅始終存在，但不論如何，視聽媒介對文學的傳播確有其不可取代的功能。以報紙副刊爲例，也都設法與聲光媒體合作，以擴大影響，如中央日報副刊曾與台北電台宋英合作推出「中副時間」，聯合報副刊與中廣劉小梅合作「聯副之聲」，還有人間副刊企劃的「人間電台」等，平面與立體媒介相互合作，將文學的聲音更有力、更生動、更直接地散播到各個角落。

　　以《文訊》雜誌社編印的《1999 台灣文學年鑑》來看，與文藝介紹有關的廣播節目就多達八十個（其中有 13 個已停播）。例如中央電台的「空中書場」（陳宗岳主持）、「台北藝文嘉年華」（黃瑋）；中廣的「空中圖書館」（李瓊芬）、「書香社會」（周韶華）；台灣廣播電台的「耕讀園」（汪蓓）；正聲電台的「文化筆記」（練維君）；教育電台的「人人書房」（葛天培）；復興電台的「朱秀娟時間」、「空中讀書會」（牟科港）、「藝文之旅」（金笛）；警廣的「我來讀册給你聽」（岳玲）；「空中書場」（胡雲）、「詩的小語」（張香華）等。電視方面則有公視的「書寫島嶼」、「作家身影」；台視的「人與書的對話」（賴國洲）；慈濟大愛台的「當代作家映象」等。如此多的頻道在爲文學發聲，自然對文學的傳播產生不可忽視的影響。小說家張大春近年來不斷通過主持電視及廣播的節目，爲文學開闢了一條新通路，如台視的「談笑書聲」、「縱橫書海」及廣播節目「說書人」等，對作

家作品的推介可謂不遺餘力。其他作家如張曼娟、朱秀娟、張香華、楊照、張典婉等，都曾用心經營過這塊傳播文學書香的廣闊天地。文學的另一種魅力，在以上這許多有心人的努力下，得到了更豐華多姿的開發與散放。

三、台灣文學傳播之特色

從以上的介紹說明，及對台灣文學幾十年來發展脈絡的掌握，可以看出台灣文學在傳播方面幾項較鮮明的特色，分述如下：

㈠ 平面文字印刷媒介仍佔傳播之大宗

從五〇年代至今，報紙副刊對作家的培養、作品的發表、文藝思潮的推動，可說有著舉足輕重的地位。作家的書寫活動，一般都以先投稿副刊發表為第一渠道的選擇，其次才是雜誌，待文稿達一定數量後，再尋找出版社出書，這似乎是多年來文學作品傳播的固定模式，至今依然。副刊、雜誌與書籍出版，一直是文學傳播的主要通道。不管是改編成電影或電視劇，它都以「文本」為基礎，而文本所帶給讀者的想像空間與美感享受，恐怕一時間也難由其他媒介所取代。

㈡ 小眾（組織）傳播活動蓬勃發展

和報紙、影視等大眾傳媒相比，一些規模不大的傳播活動，也正日益增多，使文學的傳播方式顯得更多彩多姿。如近年來迅速增多的地方性文學獎，對區域文學風氣的推廣大有裨益，如屏東縣政府主辦的「大武山文學獎」、台中市文化中心主辦的「大墩文學獎」、台北市政府主辦的「台北文學獎」、新竹市政府主辦的「竹塹文學獎」、台南市政府主辦的「府城文學獎」、苗栗

縣政府主辦的「夢花文學獎」、澎湖縣政府主辦的「菊島文學獎」等；大專院校的文學獎，對青年學子接近文學也有莫大的鼓舞作用，如「鳳凰樹文學獎」（成大）、「道南文學獎」（政大）、「雙溪現代文學獎」（東吳）、「金筆獎」（中央）、「五虎崗文學獎」（淡江）、「西子灣文學獎」（中山）等。

　　出版社利用新書出版，與作家合作舉辦「新書發表會」、「作家簽名會」，雖然商業色彩濃厚，但對文學的傳播也有其一定的效果。至於近年來如雨後春筍般出現的各種大小型讀書會，對文學人口的增加、文學書籍的促銷，也有正面的貢獻。具代表性作家的紀念館相繼落成、開放，如賴和紀念館、鍾理和紀念館等，配合作家手稿、相關資料的陳設，以及舉辦紀念活動，對台灣文學的保存與傳播，都是極其必要的。真理大學的「台灣文學資料館」已經成立，擴而大之的「國家文學館」獨立設館的呼聲也得到官方的正面回應，這些機構的設立，對文學的傳播必然有長久深遠的積極作用。甚至於，我們也看到了台北市政府新聞處舉辦「台北公車詩」活動，以及在捷運車廂的廣告欄上展示詩的靈思，都是別具巧思的傳播手法，這種與生活具體結合的傳播方式，值得大力推廣。

　㈢　**影像、網路的重要性、影響力日增**

　　文學與影像結合，由來已久，如張愛玲、黃春明、白先勇、廖輝英、朱天文等人的小說都曾被改編拍成電影。這不僅吸引更多人走進文學世界，也使文學自身的發展有更廣闊的試驗空間。春暉影業公司、前衛出版社等製作的「作家身影」、「台灣文學家紀事系列」等作家介紹的錄影帶，使文學作家的思想與創作，得到生動的紀錄與呈現。散文與詩的出版品中，也出現不少圖文

並呈的書籍，使文學的感性透過具體的圖像，相互輝映。隨著影像化時代的來臨，為迎合讀者的需求，影像媒介的重要性已與日俱增。

至於網路，更是文字、聲音、影像結合，且已進入一般家庭生活中常見的便利媒介。它未來的發展實在不可限量。以「賴國洲書房」公佈的 1999 年十大讀書新聞為例，其中「網路書店世紀末發燒」與「出版數位電子化顛覆傳統閱讀形式」兩則新聞均入選，可見網路文學藉由電子化的傳播、銷售新模式，已展現出空前的盛況。「明日工作室」的「未來書城」、「聯合新聞網」的「網路文學」專區，還有「中時電子報」、「pc home 電腦報」、「每日一詩電子報」等，都可以看到強大傳播媒介下無處不在的文學／文化身影。面對新世紀，這種新傳播通道的影響力將會更為驚人。

四、台灣文學教學概況

「台灣文學」的正式進入大學校園成為一門學科（1989）到「台灣文學系」成立（1997），不到十年，但它不僅對既有「中國文學系」產生劇烈的衝擊，而且也標誌著「台灣文學」發展的趨勢、力度與未來性。

「台灣文學」的進入大學體制內，其實經過一段奮鬥的歷程。從七〇年代喊得喧天價響的「鄉土文學」，到八〇年代的「本土文學」，再到八〇年代末的「台灣文學」，不同的名稱，代表著不同的文學思潮演變，以及文學身份的認同與回歸。1995年，「台灣筆會」等十八個文學、文化團體連署發起「台灣文學界的聲明」，呼籲在公私立大學院校成立「台灣文學系」，以研

究、探討台灣文學，使台灣文學能世代相傳，成為台灣新文化堅實的一環。「台灣文學」的主體性從此開始得到較多的注目與討論。為了回應這個呼聲，教育部於 1997 年通過淡水工商管理學院（現已升格為「真理大學」）設立「台灣文學系」，並於民國八十六學年度起正式招生。這是大學教育體制內的第一個「台灣文學系」，具有重要的象徵意義。該系網羅了不少專研台灣文學的學者任教，同時也陸續邀請了巫永福、陳千武、鍾肇政、葉石濤、李喬、吳錦發等數十位作家擔任特別講座，所開課程有：台灣語文概論、台灣通史、台灣文學史、原住民文學、鄉土文學研究、台灣文化概論等，對台灣文學豐富內涵的探掘與系統理論的建構，有著強烈的使命感與活動力。

繼「台灣文學系」之後，成功大學也於 1999 年成立國內第一個「台灣文學研究所」，民國八十九學年度起正式招生，師資陣容堅強，包括陳萬益、林瑞明、吳達芸、陳昌明、呂興昌、施懿琳、葉石濤、下村作次郎等。台灣文學的研究，至此邁開一大步。在教育部積極鼓勵成立台灣文學系、所的政策下，已有多所大學正規劃相繼籌設中。可以說，台灣文學在眾多學科研究中，其顯學的地位已經確立。

當前台灣文學教學的盛況、熱度，可以從課程設計、論文選題、研討會舉辦等幾個角度來加以觀察，分述如下：

(一) 課程設計

真理大學與成功大學在台灣文學系、所的課程安排上，當然在整體架構與質量上較能朝完整的學科需求來設計，這與一般大學系、所僅有幾門相關課程的點綴自是不同。但是，在台灣文學系、所尚未全面設立之前，中文系、所及通識課程中已有的台灣

文學課程，事實上也在逐漸增多之中。它與現代文學有著較高的重疊性，如台灣當代文學的部分，同樣存在於許多「現代文學」課程中，而難以一刀劃清。大致來看，突顯「台灣文學」主體性的課程大多在名稱前加上「台灣」二字，或是標明「日據時代」，而與「中國」、「現代」有所區別。以《文訊》雜誌編印之《1999台灣文學年鑑》中的「現代文學課程」為例，相關的台灣文學課程，如台大有「台灣當代小說與性別文化」（梅家玲）；台灣師大有「台灣文學」、「台灣文學之旅」（許俊雅）；中興大學有「台灣文學」、「台灣文學研究」（陳芳明）；成大有「台灣文學」（施懿琳）、「日據時期台灣小說專題研究」、「賴和文學專題研究」（陳萬益）、「台語文學專題研究」（呂興昌）；東吳大學有「台灣文學專題」（陳明台）、「台灣民間信仰」（曾勤良）、「台灣民俗曲藝」、「台灣俗語與歌謠」（林茂賢）、「台灣文學專題研究」（林明德）；政大有「台灣文學專題研究──女性主義」、「現代性與台灣文學」（陳芳明）；清華大學有「日據時代台灣小說選讀」（陳萬益）、「戰後台灣小說選讀」（陳建忠）、「台灣文學史專題」、「台灣新詩名家選讀：（一）林亨泰」（呂興昌）；淡江大學有「台灣現代文學專題研究」（施淑女）；文化大學有「台灣現代文學」（陳愛麗）；靜宜大學有「戰後台灣新詩專題」（陳武雄）、「台灣文學與女性主義」（楊翠）等。

　　以上這許多台灣文學課程，只是舉例說明。不論是中文系、所，還是通識課程，這類課程隨著時勢之所趨必將日益增加。這些課程或以概論為主，或以文藝思潮為中心，或以文類為對象，或以單一作家為專題，涵蓋了語言、文學、文化、社會、歷史等

不同層面，展現出學科的多元性與豐富性。這些課程在校園中也頗受歡迎，選課人數不少，足見此一學科的普遍設立是符合所需、受到肯定的。

(二) 論文選題

台灣文學相關科目既已在大學系、所中立定根基，則其開花結果自不令人意外。相關的博、碩士論文開始出現，而且來勢洶湧，逐年增加。研究者的思維多向度，批評方法多元化，從文化、人類學、社會、新聞、歷史、心理學等多重視野入手，使台灣文學研究在熱情被點燃之後，隱隱然有星火燎原之勢，且後勁十足。從羅宗濤、張雙英編著之《台灣當代文學研究之探討》一書來看，它搜羅 1988 年至 1996 年的學位論文並作統計如後：從文類來看，小說 64 篇，新詩 8 篇，散文 4 篇，戲劇 1 篇，文學批評及文學史 30 篇，作家及其集團 1 篇，其他文類 1 篇，共計 109 篇；從學校來看，文化（24）台大（11）成大（10）台師大（10）清大（9）東吳（9）輔仁（8）東海（7）淡江（7）中正（3）；若從研究所來看，主要的學位論文都是出自於中文研究所，但其他人文方面的相關系所，亦有許多研究生投入台灣文學領域的研究行列，如廖淑芳《七等生文體研究》（成大史語所，1990）、余昭玟《葉石濤及其小說研究》（成大史語所，1990）、張郁琦《龍瑛宗文學之研究》（文化大學日研所，1991）、王淑雯《大河小說與族群認同——以「台灣人三部曲」「寒夜三部曲」「浪淘沙」為焦點的分析》（台大社會所，1994）、吳秀鳳《中文報紙倡導文類之研究：以聯合報副刊「極短篇」為例》（輔仁大傳所，1995）、吳敏嘉《亦秀亦豪的健筆：張曉風抒情散文之翻譯與討論》（輔仁翻譯所，1992）、莊淑芝《台灣新文學觀念的萌芽與實

踐》（清大語言所，1992）等。這是極為可喜的現象，台灣文學的逐漸加溫發熱，也由此可以看出一些端倪。

學位論文的選題、撰寫，代表了這個學科朝向系統化深度發展的可能性與必要性。從 1990 年開始，以台灣文學為學位研究論文的篇數大抵呈穩定成長的趨勢，雖然在文類方面過於偏重小說，但這也說明了其他文類還有很大的開拓空間。基本上，這個穩定成長的局面一直持續至今，且有起飛躍昇之姿，值得期待。

㈢ 研討會舉辦

學術研討會的舉辦，也可視為台灣文學傳播與教學的一環，其重要性不可低估。不論在舉辦過程中，還是論文結集成冊後，它都可以形成一個議題被討論與傳播。從發生學角度來看，一項研討會的籌辦，往往代表著某一學術議題的被重視或可期待。一般與台灣文學探討相關的研討會，多半由公私立大學、政府研究機構、文教單位及民間文化團體、傳媒等主辦，其中又以大學及民間文化團體為主力。撰稿者以學者、作家為主。研討會的主要性質與內容，較常見者有三種：一是以作家、作品為對象，如「王禎和作品研討會」、「鍾理和文學研討會」、「張我軍學術研討會」、「吳濁流學術研討會」、「呂赫若文學研討會」、「葉石濤文學國際學術研討會」、「彭歌作品研討會」、「柏楊思想與文學國際學術研討會」、「巫永福文學會議」、「詩人覃子豪先生作品研討會」、「高陽小說研討會」等；二是以單一主題為對象，如「當代台灣女性文學研討會」、「台灣文學中的歷史經驗」、「當代台灣都市文學研討會」、「台灣文學與環境」、「現代主義與台灣文學國際研討會」、「鄉土文學論戰二十週年回顧研討會」、「台灣現代散文研討會」、「旅行文學研

討會」、「海洋與文藝國際會議」、「台灣民間文學研討會」等；三是以某特定範圍爲對象，如以空間爲題者有「兩岸詩刊學術研討會」、「兩岸女性詩歌研討會」、「兩岸三邊華文小說研討會」、「大陸的台灣詩學研討會」等，以時間爲題者有「50年來台灣文學研討會」、「百年來中國文學學術研討會」等，也有以年齡層爲範圍者，如《文訊》雜誌連續幾年舉辦的「青年文學會議」，撰寫論文者以不超過三十歲爲原則，會議以歡迎青年參加爲特色。

研討會的不斷舉辦，既深化了台灣文學研究，也是台灣文學走出學術圈、與社會大眾交流的極佳管道。隨著一個個議題的被發掘、討論，台灣文學也一步步邁向學科化。研究者的相互切磋，參與者的集思廣益，會場上的機鋒交迸，使台灣文學的教學活動，在教室之外，提供了一個更生動、寬廣的思索、討論場域。

五、台灣文學教學之特色

從以上的介紹中，我們可以進一步整理出以下幾項關於台灣文學在教學方面的特色，以及未來發展的方向：

(一) 課程以概論性質爲主，專題研究可再增多

除了專門的台灣文學系、所之外，一般大學院校能有二、三門台灣文學方面的專業科目，已屬難能，因此，若要較深入的研討，只能在研究所，大學部所開之相關課程（含通識教育），一般以入門、導覽、鳥瞰性質的概述爲主，而又以作品選讀居多（其中又以小說較多）。這當然符合一門學科在起步階段的引導功能與推廣目的。以文學科目來說，像「賴和文學專題研究」之類的單一

作家研討課程，明顯不足，在未來台灣文學課程增設上，不妨考慮多開設如「黃春明作品選讀」、「白先勇作品選讀」、「余光中詩選讀」、「楊牧文學專題」，或者如「六○年代台灣文學專題」、「鄉土文學專題」、「旅行文學」等主題、專家式的微觀研究。唯有如此，台灣文學的研究才能深刻與全面兼具，宏觀與微觀並重。

㈡　專業師資應加緊培養，實用教材應多編寫

為因應未來台灣文學系、所的增設，專業師資的培養已是刻不容緩。目前人力不足的窘況，在一定程度上，影響了台灣文學的教學成效。尤其是台灣文學若要在中小學扎根，相關的師資培育更需加緊腳步才行。此外，有關的教材編寫，在作品選讀方面，目前雖已有《日據時期台灣小說選讀》（許俊雅編）、《台灣小說名著新探》（林政華著）、《台灣當代散文精選》（許達然編）、《台灣文學二十年集》（李瑞騰、平路等編）、《典律的生成》（王德威編）、《台灣報導文學十家》（陳銘磻編）、《台灣文學讀本》（陳玉玲編）等多種；在文學史部分，則只有《台灣文學史綱》（葉石濤著）、《台灣新文學運動四十年》（彭瑞金著），以及陳芳明正在撰寫的《台灣新文學史》等少數幾本。但其實還有很多可發掘的空間，如各種文類的文學史（如《台灣散文發展史》），不同類型的作品編選（如《旅行文學作品選讀》）等。多元化的教材編寫，專業化的師資培育，加上系統化的學術研究，是台灣文學在教學上的當務之急。

㈢　作家駐校，傳承經驗

台灣文學在教學上，近年來興起一股作家駐校風潮（這是古典文學教學較不易做到的一點），不論對當代作家寫作經驗、理念的傳

承，還是讓學生藉著接近作家而親近文學、認識文學，這種突破
制式教學模式的作法，確實使相關教學活動更顯靈活，效果也更
加直接。一些長年創作的資深作家，如鍾肇政、李喬、葉石濤、
陳若曦、黃春明、瘂弦等，都因此站上講壇，與青年學子進行面
對面的文學交流，分享創作心得。由於這些作家的成就備受肯
定，本身即是台灣文學發展史的一部分，他們的現身說法，使台
灣文學的生動性、具體性有了良好的發揮與演繹。

六、結　語

從冷寂到繽紛，從清靜到熱鬧，台灣文學的傳播與教學，同
時走過了這一曲折的歷程。「台灣文學」的身份、定位，如今再
也不會有人質疑或反對，它已然是當前文學傳播內容中的主流，
也是校園中文學教育的新興顯學。以傳播而言，它雖仍須藉由報
紙副刊、書籍出版、雜誌等傳統文字平面媒介，但影像化、電子
化已是不可阻擋的趨勢，台灣文學傳播的生機在此，其隱伏的危
機也在此。如何善用其快速、多元、開放的優點，避免漫無機制
的自由，值得省思。以教學而言，如何適當規劃台灣文學的課
程，避免本位主義，結合歷史、社會、文化、語言等跨領域學
門，同時在教材、教法上做活潑、多元的設計，兼顧通論介紹與
專題研析，也是必須嚴肅以對的課題。教學本是傳播之一環，教
學與傳播如何有機、效率的互動，凡關心台灣文學發展者不可不
深思。

——收入 2001.8 萬卷樓版《臺灣文學》一書

參考書目

文訊雜誌社編：《1999台灣文學年鑑》，台北：行政院文化建設委員會，2000。

李瑞騰著：《文學關懷》，台北：三民書局，1992。

瘂弦、陳義芝主編：《世界中文報紙副刊學綜論》，台北：行政院文化建設委員會，1997。

簡恩定、唐翼明、周芬伶、張堂錡編著：《現代文學》，台北：國立空中大學，1997。

羅宗濤、張雙英著：《台灣當代文學研究之探討》，台北：萬卷樓圖書公司，1999。

輯　　外

戊戌之後

讀《從黃遵憲到白馬湖》

讀《清靜的熱鬧》

張堂錡作品出版編目

戊 戌 之 後

——梁啓超、黃遵憲的生命同調與思想歧路

一

　　以康有爲的「公車上書」爲先導，發生於十九世紀末的「百日維新」變法，是中國近代維新運動史上最富象徵意義的一次行動。它旣是同光年間以李鴻章爲中心的自強運動（洋務運動）的延續，也是後來以國父孫中山先生爲主導之革命運動的轉捩點。自強運動在甲午一役遭到重創，百日維新則在戊戌政變後銷聲匿跡，正因爲自強、維新的思想啓蒙與知識積累，才有畢其功於一役的辛亥革命。因此，維新變法的歷史地位與作用是不容忽視的。

　　假如說，整個維新運動是從「公車上書」揭開序幕，而以「百日維新」後的戊戌政變黯然落幕，則此一運動過程中，眞正將維新理念與行動具體落實且積效卓著，進而促成百日維新者，

則非湖南新政莫屬。在湖南巡撫陳寶箴的支持下，維新派人士如黃遵憲、譚嗣同、梁啓超等人先後入湘，使維新變法思想獲得一次實際操兵的機會，且在中國十八行省推行新政中，締造了最具規模與成效的局面。康有爲在《人境廬詩草·序》中即指出「中國變法，自行省之湖南起」；學者鄭海麟也認爲「眞正賦予維新運動以實踐意義的，應是湖南新政」①。雖然，陳寶箴自光緒二十一年（1895）被任命爲湖南巡撫起，便積極推行維新變法主張，但光緒二十三年六月，黃遵憲被派任湖南長寶鹽法道，兼署理湖南按察史，不久，譚嗣同好友徐仁鑄接任湖南學政，這三人的組合，才使維新運動在湖南轟轟烈烈展開，而在政治、經濟、文化、教育、軍事等各方面，都繳出了漂亮的成績單。

　　毫無疑問的，發生於戊戌變法前一年的湖南新政，「不僅於時間上早在百日維新之先，實且直接爲百日維新的前導」②。正因爲如此，戊戌政變作，凡與湖南新政有關者均受到波連，如梁啓超逃亡海外，譚嗣同遇害，陳寶箴、江標、徐仁鑄、熊希齡等人皆革職永不敘用，黃遵憲則罷官放歸原籍。可見，湖南新政的成功，確實爲北京新政打了一劑強心針。而湖南新政的成功，黃遵憲可謂居功厥偉。梁啓超曾說：「凡湖南一切新政，皆賴其力」③；正先更認爲黃遵憲「不啻陳右銘中丞之靈魂」④。事實上，在來到湖南之前，黃遵憲早已是出使過日本、美國、英國、新加坡的資深外交官；也曾受張之洞之命，主持江寧洋務局，辦理五省堆積之教案，爲人稱道；也以《日本國志》得到翁同龢賞識；李鴻章更以「霸才」稱許之。不論資望、閱歷、學識、才幹，黃遵憲都在湖南維新派諸人之上。他受陳寶箴之倚重，使湖南新政大刀闊斧改革有成，自不令人意外。

不僅如此，光緒二十四年（1898）的戊戌變法，當康、梁等人在北京熱烈推行之際，光緒帝曾向翁同龢索閱《日本國志》，後更命黄遵憲以三品京堂充出使日本大臣，連續下詔傳令迅速來京。正先〈黄公度——戊戌維新運動的領袖〉一文，對此有一種說法：

> 光緒早有重用公度之意。戊戌年間，陳寶箴、公度等在湘推行新政已有成效，梁任公、譚嗣同等由湘趕程入京活動，以待公度之來。光緒已以譚嗣同、楊銳、劉光第等爲章京，軍機大臣之職則擬以公度任之。俾得總領中樞，實施新政。復慮公度官銜不高，不足以當軍機大臣之任，特簡公度出使日本所以提高其資格，兼使在外作外交上之聯絡，預計公度留日本半載所辦之事已有頭緒，即調之返京也。⑤

此一說法或非虛語，王德昭即引其他資料而贊同正先之說云：「康、梁和楊、劉、譚、林諸人，於當時政局究屬新進，不如遵憲雖亦屬維新人物，然爲皇帝所特知，而又資望閱歷足以膺大拜之故」⑥。只可惜，黄遵憲因病耽擱赴京，而不久京變已作，康、梁出走海外，黄遵憲則免官放歸。

戊戌變法失敗原因甚多，這不在本文討論之列。值得注意的是，黄遵憲在整個維新變法運動中，實居一重要地位。在湖南，他幾乎一手擘劃新政；在北京，他雖未親身參與，但對光緒帝、康、梁等人推行新政的決心有強化之作用，卻是無庸置疑的。也是在這一場爲時不長的運動中，黄遵憲與梁啓超建立起了革命情誼，成爲思想上的夥伴。如前所述，黄遵憲在當時的地位、聲望均在梁氏之上，而且黄遵憲長梁啓超二十五歲，二人卻能成爲忘

年之交，在戊戌之後，仍透過書信往返，流露出道義之交的惺惺相惜，實爲維新運動史上的一頁佳話。黃遵憲卒前一年有書致梁啓超曰：「國中知君者無若我，知我者無若君。」而且生前即吩咐其弟黃遵庚請梁啓超寫墓誌銘，足見其對梁氏愛重之殷；在墓誌銘中，梁啓超則謂：「以弱齡得侍先生，惟道惟義，以誨以教。獲罪而後，交親相棄，亦惟先生咻噢振厲，拳拳懇懇，有同疇昔。」在《飲冰室詩話》中，他也引「平生風義兼師友，不敢同君哭寢門」來表達他對黃遵憲的敬重與哀悼之意。正是這種深刻理解的生命同調，使他們攜手投入維新大業中，也是這種生命同調，兩人見解頗多略同，即使有些歧異、論辯，也不曾動搖過兩人自湖南新政以來所建立的互信互敬之深刻情誼。

二

　　光緒二十二年（1896）三月，年近五十的黃遵憲，邀請二十四歲的梁啓超至上海擔任《時務報》主筆，從此開始二人的情誼。梁啓超在其《三十自述》中對此有所記載：「京師之開強學會也，上海亦踵起。京師會禁，上海會亦廢。而黃公度倡議續其餘緒，開一報館，以書見招。三月，去京師，至上海，始交公度。」然而，當年九月，黃遵憲奉旨入覲，離滬赴京。梁啓超則透過《時務報》，嶄露頭角，開始他一生輝煌筆政生涯。胡思敬《戊戌履霜錄》卷四〈徐仁鑄傳〉中說：「當《時務報》盛行，啓超名重一時，士大夫愛其語言筆札之妙，爭禮下之，自通都大邑，下至僻壤窮陬，無不知有新會梁氏者。」這一點，不能不說是黃遵憲有識人之明。次年六月，黃遵憲回到湖南。十月，梁啓超又在黃遵憲的舉薦下，到湖南擔任時務學堂講席，一起參與湖

南新政。但是，兩人短暫相處後，光緒二十四年初，梁啓超赴北
京參與百日維新，從此兩人即未曾再見過面。戊戌政變後，梁啓
超流亡海外，至辛亥革命後才返國；黃遵憲則罷官歸里，於光緒
三十一年（1905）病逝。換言之，兩人自始交至黃謝世，不過十
年，而實際共事相處，不過十月，但是，如此短暫的時間，卻絲
毫不曾影響兩人知音相惜的忘年交誼。

　　平心而論，梁、黃二人論交，黃氏主動居多，且黃氏愛才之
情亦溢於言表。例如上海初識後，黃遵憲有〈贈梁任父同年〉六
絕句，末章詩云：「青者皇穹黑劫灰，上憂天墜下山隤。三千六
百釣鼇客，先看任公出手來。」對年輕的改革家梁啓超寄予厚
望；《人境廬詩草》最後一首〈病中紀夢述寄梁任父〉中云：
「與子平生願，終難償所期」，「何時睡君榻，同話夢境迷？」
既有抱恨之志，也有勉勵梁啓超之情。當黃遵憲讀到梁啓超之
〈保教非所以尊孔論〉時，立刻去信表示贊同，且說：「僕之於
公，亦猶耶之保羅，釋之迦葉，回之士丹而已。」當梁啓超在日
本創辦《新小說報》，黃遵憲也去信說：「努力為之，空前絕構
之評，必受之無愧也。」⑦對梁啓超之高度期許始終未變，而且
從早期的以國政世局為主，到晚年的擴大到文化、教育、學術等
各方面，可以說，黃氏晚年真正的知交當屬梁啓超為最。也因
此，黃遵憲晚年想寫《演孔》一書，寫信和梁討論，提到：「今
年倘能脫稿，必先馳乞公教，再佈於世。」由於兩人對時局有許
多共同看法，書信往返不免多有傷時過激之語，黃遵憲也不忘提
醒道：「蓋書中多對公語，非對普天下人語」，推心置腹之意，
不言可喻。

　　至於梁啓超，對黃遵憲則是介於師友之間，執禮甚恭。這一

方面是因為年齡差距，一方面梁也確實敬服黃遵憲的學識、見解。據吳天任編著《清黃公度先生遵憲年譜》中云：「任公每欲拜之為師，先生素鄙換帖拜師俗習，婉言辭之，謂彼此作忘年交可耳」⑧。這是兩人在上海合作編《時務報》時之事。同年十一月，梁啟超為《日本國志》撰後序，說讀了此書後，「乃今知日本之所以強」，「乃今知中國之所以弱」，「於日本之政事、人民、土地及維新變政之由，若入其閨闥而數米鹽，別白黑而誦昭穆」，認為「有王者起，必來取法斯書乎」，對《日本國志》真有相見恨晚之慨。而且透過此書，他對黃遵憲的學養大加稱許說：「不肯苟焉附古人以自見，上自道術，中及國政，下逮文辭，冥冥乎入於淵微」⑨。當梁啟超欲動筆寫《曾國藩傳》時，也事先請黃遵憲提供意見。至於兩人在《壬寅論學牋》中鴻雁往返、長篇大論的表現，也可看出梁啟超對黃遵憲諸多看法的重視與肯定。甚至於，梁啟超的許多見解與作為，都可以看到黃遵憲的影子。由此可以看出兩人彼此間相知相重的師友風義。而兩人自上海論交到湖南共事，同為維新事業奮鬥，又在戊戌政變後同遭黨禍，歷生死之患難，兩人建立在生命同調上的革命情感，同樣不言可喻。

作為晚清一名憂心國是的知識分子，擁有十餘年外交折衝生涯的珍貴經歷，黃遵憲的政治理念與維新思想，對戊戌變法及維新派人士都產生過深刻的影響。其中，受其影響最深的就是梁啟超。戊戌之後，與黃遵憲詩文唱和最多的是丘逢甲，而書牘最頻關切最深的是梁啟超。透過十餘萬字的書信，兩人在思想上或相啟發，或相論辯，或相鼓舞，或相規勸。張朋園《梁啟超與清季革命》中言：「公度有如任公的海上明燈，荒漠中的甘泉，困惑

時求指引則得指引，氣餒時飲甘泉則鼓舞重振」⑩。梁、黃二人在精神意志上的感通，不僅不隨歲月而磨滅，反而益增其深厚之誼。黃遵憲識見高遠，處事精密；梁啓超才華橫逸，年輕有為。兩人彼此欣賞，相互敬重，這說明了兩人在人格態度、人生思想及生命情調上，確實有著強烈的認同感、極大的相似性與共同一致的理想追求。

三

梁、黃二人的生命同調，不僅表現在彼此生活關懷的眞切上，更重要的是所見略同的相知相惜，與著述砥礪的互勉互助上。例如兩人對「合群之道」的看法就很一致。梁啓超在《新民說》第五節「論公德」中主張：「吾輩生於此群之今日，當發明一種新道德，求所以固吾群，善吾群，進吾群之道。未可以前王先哲所罕言，遂自畫而不敢進也」，「是故公德者，諸德之源也。有益於群者為善，無益於群者為惡。此理放諸四海而準，俟諸百世而不惑者也」。在私德與公德之間，他強調要提倡公德、群學，認為我國人不群的原因有四：一為缺乏公共觀念；二為界說不明確；三為無規則；四為忌妒心使然。黃遵憲於光緒二十八年（1902）十一月致梁信中，對此甚表贊同，認為是「至哉言乎」，並進一步提出他個人對合群之道的主張：「族群相維相繫之情，會黨相友相助之法，參以西人群學以及倫理學之公理，生計學之兩利，政治學之自治，使群治明而民智開，民氣昌，然後可進以民權之說。」黃遵憲提出切實可行之道，與梁啓超的理論恰可互補，對時弊人心之評確是一針見血。黃遵憲對《新民說》極表推許，在信中難掩驚喜地說：「公所草新民說，若權利，若

自由，若自治，若進步，若合群，皆吾腹之中所欲言，舌底筆下之所不能言」，「罄吾心之所欲言，吾口之所不能言，公盡取而發揮之，公誠代僕設身此地，其驚喜爲何如矣！」此驚此喜，說明了兩人生命同調之深刻。

在對基礎教育的重視與編寫教科書方面，兩人也是同心協力。當然，這主要是黃遵憲主動提出，而梁啓超則欣然應和。戊戌之後，黃遵憲家居講學，因爲日本經驗，他特別重視改革教育，主張通才教育，在《壬寅論學牋》中，他再三強調德智體群各育發展，呼籲重視蒙學小學中學與普通學，以樹立教育基礎爲要。本此宗旨，他力勸梁啓超編寫教科書。光緒三十年七月信中，他就替梁氏規劃了今後可以努力的方向：「僕爲公熟思而審處之，誠不如編教科書之爲愈也」，因爲「僕近者見日本以愛國心團結力摧克大敵也」，而日本「專以普及教育爲目的」。再加上梁啓超文筆「有大吸力」，可左右讀者思想，因此，在三十一年元月信中，他再度表示「望公降心抑志，編定小學教科書，以惠我中國，牖我小民也。」對此鼓勵，梁啓超果然就編寫了《國史稿》二十萬言，「以供學校科外講讀之一用」。接著又寫了《中國之武士道》一書，「爲學校教科發揚武德之助」。這顯然是受到黃遵憲的指引所致。而黃遵憲自己也創作過〈幼稚園上學歌〉、〈小學校學生相和歌〉等，被梁啓超在《飲冰室詩話》中譽爲「一代妙文」。這些作品，都是兩人「所見略同」下的產物。

黃遵憲雖無創作小說，但對文學大眾化的推動卻是倡導甚力，對小說的作用與價值，兩人也都持高度肯定的態度。早在光緒四年（1878）出使日本，與日本友人筆談時，黃遵憲就曾對石

川鴻齋說：「紅樓夢乃開天闢地，從古到今第一部好小說，當與日月爭光，……論其文章，宜與左國史漢並妙」⑪。因此，當梁啓超在日創辦《新小說報》，他聽聞後立刻馳函表示讚許：「公乃竟有千手千眼運此廣長舌於中國學海中哉！具此本領，眞可以造華嚴界矣。」不久得閱，又去信表示：「《新小說報》初八日已見之，果然大佳，其感人處竟越《新民報》而上之矣。」同時對梁啓超〈論小說與群治之關係〉一文深致欣賞，對《新中國未來記》、《東歐女豪傑》、《新羅馬傳奇》等小說，更是讚不絕口地說：「吾當率普天下才人感謝公」，並勉勵梁啓超「努力爲之，空前絕構之評，必受之無愧也。」兩人在對小說的諸多看法上，事實上極爲相近，見解也都極爲新穎。黃遵憲的激賞，完全顯現出對後輩不吝提攜的眞性情。

　　黃遵憲對梁啓超小說的稱許，一如梁啓超對黃遵憲詩歌的肯定。《飲冰室詩話》云：「近世詩人，能鎔鑄新理想以入舊風格者，當推黃公度」；「昔嘗推黃公度、夏穗卿、蔣觀雲爲近世詩界三傑」；「要之公度之詩，獨闢境界，卓然自立於二十世紀詩界中，群推爲大家，公論不容誣也。」凡此均可看出梁啓超對黃詩評價之高。事實上，梁、黃二人是晚清「詩界革命」運動中的主將。這場運動是伴隨著政治維新的大趨勢，而被維新派人士提出。對小說社會功能的重視，使他們喊出「小說界革命」；對詩歌新意境的講求，則喊出「詩界革命」。梁啓超在《新民叢報》連載其《飲冰室詩話》，以其帶情感的文字，提倡有別於傳統的詩歌新嘗試，而黃遵憲則以其《人境廬詩草》中的佳作，成爲梁氏心目中「詩界革命」的代表作家之一。《飲冰室詩話》說：「生平論詩，最傾倒黃公度」，「有詩如此，中國文學界足以豪

矣。因亟錄之，以餉詩界革命軍之青年。」當讀到〈今別離〉四章，梁啟超說可以「生詩界天國」；讀到〈以蓮菊桃雜供一瓶作歌〉，他又說「實足爲詩界開一新壁壘」。黃遵憲自己也以「新派詩」人自居，在〈酬曾重伯編修〉詩中說：「廢君一月官書力，讀我連篇新派詩」⑫。梁啟超正是對此有深刻理解，才會說黃遵憲是一「銳意欲造新國」⑬的人物，並且推崇不已。

「詩界革命」、「小說界革命」等主張，實開五四時代新文學的先河。梁啟超與黃遵憲的許多看法，對胡適想必是有所啓發的⑭。梁、黃二人詩歌主張的接近，魏仲佑曾有所析論：

> 「詩界革命」時期梁氏的文學思想大體上已開了「五四」時代文學思想的先聲。然而梁氏的文學思想早有黃遵憲開其先河，以梁氏主張民歌俗語可入詩，而黃則云：「即今流俗語，我若登簡編，五千年後人，驚爲古斕斑。」；梁氏主張不可崇古人，黃則云：「黃土同摶人，今古何愚賢。」；梁氏主張「詩外常有人」，黃則主「要不失乎爲我之詩。」⑮

梁、黃二人都是維新思潮下的改良主義者，他們對詩界「革命」的定義，只是如《飲冰室詩話》說的「革其精神，非革其形式」。黃遵憲之所以備受梁氏推崇，是因他的詩「能融鑄新理想以入舊風格」。所謂「新理想」，是指題材、語言及意境三者的融合創新，而「舊風格」，則是指傳統詩歌格律、形式的繼承遵循。換言之，他們所主張的，是要通過舊形式來表現新的生活內容和新的思想情感，由於並未觸及到詩體解放的根本核心，因此，他們兩人都只能算是「舊瓶裝新酒」的實踐者，而非「新瓶裝新酒」的提倡者。不過，他們的主張與嘗試，確實在晚清盛行

宋詩的風氣下，擴大了詩歌表現的領域，突破了舊體詩的束縛，賦予詩歌活潑的生命力。這種對詩歌看法的一致，也印證了兩人在生命情調、學術眼光上的有志一同。

除了以上所提，在對「新民說」、重視基礎教育、編寫教科書、主張「詩界革命」、「小說界革命」等方面的見解一致外，兩人對黃宗羲《明夷待訪錄》同樣激賞。梁啓超在《中國近三百年學術史》第五章說：「我自己的政治運動，可以說是受這部書的影響最早而最深」；而黃遵憲則在給梁啓超信中稱譽此書有「卓絕過人之識」。又如對「天演論」的進化思想，兩人也同樣接受、信服。梁啓超《新民說》的基礎就是「天演物競之理，民族之不適應於時勢者，則不能自存」的看法⑯；而黃遵憲在光緒二十八年致嚴復信中曾說：「《天演論》供養案頭，今三年矣」，致梁啓超書中則表示：「近方擬《演孔》一書，凡十六篇，約萬數千言」，其參考書目，有培根、達爾文之書⑰。以上這些都足以說明兩人對時局，對文化，對學術，對教育，對文學等多方面，實有著極大的相似性。這些見解的一致，正是兩人敢於冒著戊戌之後，情勢仍肅殺緊繃的危險，不斷透過書信交換意見、互相鼓舞的心理基礎。就某個層面來說，兩人相見恨晚，在黃遵憲晚年的頻繁交往，是因為彼此找到了可真心討論的對象，許多議題，只有向對方傾吐才不致「對牛彈琴」，一些計畫，也只有向對方尋求支持，才有更大的勇氣或決心來付諸實踐，這不就是難得的知音共賞、生命同調嗎？

四

梁啓超與黃遵憲的生命同調，已如上述，但是，兩人之間畢

竟仍有許多不同之處。以性格言，黃遵憲穩重、幹練，謀定而後動，思慮精密，且觀察細微；梁啓超則滿腹才情，靈思多變，謀慮雜複，情緒相對波動較大。黃遵憲就曾在信中多次指出梁在性格上的缺失，如「公之咎，在出言輕而視事易耳」、「公之所倡，未爲不善，然往往逞口舌之爭，造極端之論，使一時風靡而不可收拾，此則公聰明太高，才名太盛之誤也」等，這都是中肯的論，既可見二人交誼，也可知黃遵憲識人之明。梁啓超的一些看法，黃遵憲若不同意，會馳函直言，以理規勸。而事實上，梁啓超正因爲有此一諍友，而在思想發展上多次轉折、收斂，免於太過。在一些關鍵問題，特別是政治與學術見解上，梁與黃初始異而後轉同的歷程，可見出黃對此一「保守性與進取性常交戰於胸中，隨感情而發，所執往往前後相矛盾」⑱的朋友，確實是產生過極深刻的影響。

　　以梁啓超與康有爲因保教尊孔主張不同導致師徒在思想事業上分道揚鑣一事爲例，黃遵憲在其中即扮演了重要角色。當維新運動起，康有爲大力提倡尊孔保教，要託古改制，立孔教爲國教，立孔子爲教主，梁啓超從其師說，也有保教主張，在湖南任教習時，即「間引師說」，後「經其鄉人鹽法道黃遵憲規之，謂何乃以康之短自蔽，嗣是乃漸知去取」⑲。黃遵憲勸梁啓超說：「南海見二百年前天主教之盛，以爲泰西富強由於行教，遂欲尊我孔子以敵之。不知崇教之說，久成糟粕，近日歐洲如德，如義，如法，……於教徒侵政之權，皆力加裁抑。居今日而襲人之唾餘，以張我教，此實誤矣。」他認爲「孔子爲人極，爲師表，而非教主」、「大哉孔子！包綜萬流，有黨無仇，無所謂保衛也。」不設教規，也無教敵，更不會樹幟自尊，強人從之，因

此，他強調「今憂教之滅，而倡保教，猶之憂天之墜，地之陷，而欲維持之，亦賢知之過矣」⑳。黃遵憲的見解對梁啓超影響甚大，使他「漸知去取」，雖然「依違未定」，但態度已有所轉變。

光緒二十八年（1902），梁啓超在《新民叢報》上發表〈保教非所以尊孔論〉一文，提出「孔子人也，先聖也，先師也，非天也，非鬼也，非神也」、「教非人力所能保」、「保教之說束縛國民思想」、「孔教無可亡之理」等觀點，公開否定康有爲的尊孔保教說。從昔日「保教黨之驍將」，成爲「保教黨之大敵」㉑，其思想主張已與黃遵憲趨於一致。因此，當黃遵憲讀了梁啓超這篇文章後，忍不住寫信給梁說，弟侄輩「近見叢報第二篇，乃驚喜相告，謂西海東海，心同理同，有如此者！」這說明了兩人在這方面的見解已經「心同理同」，而梁啓超與其師康有爲在思想上則是步上分途。梁啓超自謂：「三十以後，已絕口不談僞經，亦不甚談改制，而其師康有爲大倡設孔教會，定國教、祀天配孔諸議，國中附和不乏，啓超不以爲然，屢起而駁之。……持論既屢與其師不合，康梁學派遂分」㉒。康、梁在思想上的背道而馳，黃遵憲在湖南「南學會」的言論，以及對他的規勸，必然產生了一定的作用。

梁啓超一度主張國粹主義，甚至想倡辦《國學報》，因爲他鑒於日本近年來「保存國粹之議起」，對中國來說，「國粹說在今日固大善」㉓。他將創辦《國學報》的計畫及宗旨與黃遵憲商量，黃遵憲並不附和，寫信規勸梁啓超說：

> 持中國與日本校，規模稍有不同，日本無日本學，中古之慕隋唐，舉國趨而東；近世之拜歐美，舉國又趨而西。當

其東奔西逐，神影並馳，如醉如夢，及立足稍穩，乃自覺
己身在無何有之鄉，於是乎國粹之說起。若中國舊習，病
在尊大，病在固敝，非病在不能保守也。今且大開門戶，
容納新學，以中國固有之學，互相比較，互相競爭，而舊
學之眞精神乃愈眞，道理乃益明，屆時而發揮之，彼新學
者，或棄或取，或招或拒，或調和，或並行，固在我不在
人也。㉔

因此，他建議「公之所志，略遲數年再爲之，未爲不可。」希望
梁啓超努力介紹西學，而非急著保國粹，只有使中西之學相互競
爭，才能眞正促進中國學術文化向前發展。他的論點精闢，情理
兼融，甚具說服力，梁啓超終於放棄創辦《國學報》的計畫。這
是又一次兩人思想初始歧異後趨一致的經驗。

　　光緒二十八年是梁啓超思想轉變起伏最大的一年。三十歲的
他正處於新舊思想交替之關鍵，而這一年也正是他與黃遵憲書信
最頻密之年，其受黃之影響可想而知。康、梁分途後，梁之思想
轉趨激進，一連發表了〈論進取冒險〉、〈論自由〉、〈論進
步〉等文，鼓吹破壞主義，提倡冒險進取精神，認爲「中國如能
爲無血之破壞乎？我馨香而祝之；中國如不得不爲有血之破壞
乎？吾衰経而哀之」㉕。黃遵憲對此不表同意，但不像康有爲疊
函嚴責，而是以理服之。黃遵憲在光緒二十八年十一月致啓超書
中表示，對《新民說》甚表讚許，但「讀至冒險進取破壞主義，
竊以爲中國之民，不可無此理想，然未可見諸行事也。」原因有
二：一是列強環伺，國家面臨瓜分之危，「革命破壞」之說將加
速滅亡。他說：「誠知今日之勢，在外患不在內憂也。……而愛
國之士，乃反唱革命分治之說，授之隙而予之柄，計亦左矣。」

他不主張在此時遽行革命破壞，而強調進步必須積漸以成，「僕以爲由野蠻而文明，世界之進步，必積漸而至，實不能躐等而進，一蹴而幾也。」第二個原因是「民智未開」，「以如此無權利思想，無政治思想，無國家思想之民，而率之以冒險進取，聳之以破壞主義，譬之八九歲幼童，授以利刃，其不至引刃自戕者幾希！」基於這些現實原因，他反對梁主張之革命破壞說。

　　黃遵憲認爲，目前應「或尊主權以導民權，或倡民權以爭官權，一致而百慮，殊途而同歸」，「因勢而利導之，分民以權，授民以事，以養成地方自治之精神。」他也再度鼓勵梁啓超在民智未開之時，「願公教導之，誘掖之，勸勉之，以底於成；不欲公以非常可駭之義，破腐儒之膽汁，授民賊以口實也。」經過一番懇切的勸說，梁啓超「日倡革命、排滿、共和之論」的激昂情緒，應該得到一定的消解作用。

　　在這封信中，黃遵憲也再度申論他對中國政體的主張，認爲「二十世紀之中國，必改而爲立憲政體」，而理想中的立憲政體，是要師法英國。他對梁啓超說：「公言中國政體，徵之前此之歷史，考之今日之程度，必以英吉利爲師，是我輩所見略同矣。」在信末，他作一結論道：「然而中國之進步，必先以民族主義，繼之以立憲政體，可斷言也。」換言之，黃遵憲是主張君主立憲的。同年五月間，他還曾有一信給梁啓超，書中自述其一生政治主張的變化，從初抵日本，讀了盧梭、孟德斯鳩之說，「以爲太平世必在民主」，及遊美洲，「見其官吏之貪詐，政治之穢濁，政黨之橫肆，……則又爽然自失，以爲文明大國尚如此，況民智未開者乎？」，再經過三、四年，「復往英倫，乃以爲政體當法英」。他在信中強調，雖然近來革命、分治等主張醫

然塵上，但他「仍欲奉主權以開民智，分官權以保民生，及其成功，則君權民權，兩得其平，僕終守此說不變」。從醉心民主共和到以君主立憲為依歸，黃遵憲的政治思想從學日、學美到學英，也經過一番探索與掙扎。

有趣的是，同年十月，梁啟超在其創辦的《新小說報》上發表小說《新中國未來記》，闡述自己的政治見解，對以往主張之「革命破壞」說已有所修正。在小說第三回〈論時局兩名士舌戰〉中，主張革命、排滿、破壞的李去病和主張實行君主立憲、開民智的黃毅伯兩人辯論救國之道，最後勝利的是黃毅伯。這說明了梁、黃二人在政見上又已經轉趨相近。也因此，在同年十一月信中，黃遵憲才會高興地說：「《新中國未來記》表明政見，與我同者十之六七。」

光緒二十九年元月至十月，梁啟超應美洲保皇會之邀，遠遊新大陸，對美國的共和政體和舊金山的華人社會做了一番考察。他目擊「美國爭總統之弊」，有「種種黑暗情狀」，遂「深嘆共和政體，實不如君主立憲者之流弊少而運用靈也」㉖；而觀察了舊金山華人社會後，他發現華人因為缺少政治思想、自治能力，即使在美國這種文明程度較國內華人高的環境下，尚不能達文明之境，形成一有秩序的華人社會，因此，在我同胞未具有「共和國民應有之資格」的情形下，他認為，共和政體不合我國情，如欲強行之，「乃將不得幸福而得亂亡……不得自由而得專制」，「一言以蔽之，則今日中國國民，只可以受專制，不可以享自由。」他甚至於說：「吾自美國來，而夢俄羅斯者也」㉗。此後一直到辛亥革命，梁啟超的政治主張都在君主立憲上了。從保皇、革命破壞到君主立憲，梁啟超也經過了一番思考與掙扎，這

種心路歷程的轉變，通過同樣對日、美政情多所留意的黃遵憲幾次書信勸說及鼓勵，想必發揮了一定的影響作用。這是又一次梁、黃二人在思想歧路上轉趨一致的經驗。

　　類此經驗不止一端。如兩人對曾國藩的看法，原本明顯不同，但在書信討論之後，梁又做了一些修正。在《新民說‧論私德》中，梁啟超毫不掩飾他對曾國藩的崇拜：「曾文正者，近日排滿家所最唾罵者也！而吾則愈更事而愈崇拜其人。吾以為使曾文正生今日而猶壯年，則中國必由其手而獲救矣。」因為曾國藩「能率屬群賢，以共圖事業之成，有所以孚於人，且善導人者在也。吾黨不欲澄清天下則已，苟有此志，則吾謂《曾文正集》，不可不日三復也。」為此，他還發願欲替曾國藩作傳。當他把這一計畫向黃遵憲表明，並請黃評曾之為人，黃遵憲在光緒二十八年十一月信中卻有不同的意見，他認為，曾國藩「其學能兼綜考據詞章義理三種之長，然此皆破碎陳腐迂疏無用之學，於今日泰西之科學、之哲學未夢見也。」對其學問表示質疑；接著又評論其功業雖然比漢之皇甫嵩、唐之郭子儀、李光弼為甚，「然彼視洪、楊之徒，張（總愚）、陳（玉成）之輩，猶僭竊竊盜賊，而忘其為赤子，為吾民也。」又說：「此其所盡忠以報國者，在上則朝廷之命，在下則疆吏之職耳。於現在民族之強弱，將來世界之治亂，未一措意也」；在外交上，曾國藩「務以保守為義」，對「歐美之政體，英法之學術，其所以富強之由，曾未考求」。最後，他下一結論道：「曾文正者，論其立品，兩廡之先賢牌位中，應增其木主。其他亦事事足敬，然事事皆不可師。而今而後，苟學其人，非特誤國，且不得成名。」可見黃遵憲對曾國藩的評價大致是貶多於褒的。

　　黃遵憲並非完全否定曾國藩的人品、事功與地位，他也持平地認為曾國藩為一名儒、名臣，對曾「遣留學生百人於美國，期之於二、三十年前，歸為國用」之舉，表示贊同。如此實事求是、客觀理性的批判，顯然影響了梁啟超，因而打消了寫《曾國藩傳》的念頭。梁啟超還曾於光緒二十七年，李鴻章死後，為作一傳《李鴻章》（又名《中國四十年來大事記》），書中對李鴻章有極高的評價：「吾敬李鴻章之才」、「吾惜李鴻章之識」、「吾悲李鴻章之遇」，認為其一生功業，已躋歷史名臣霍光、諸葛亮、郭子儀之列。但是黃遵憲顯然對曾國藩、李鴻章等洋務派大臣均無好感，當李鴻章死時，他作〈李肅毅侯挽詩〉四首，其中有云：「老來失計親豺虎，卻道支持二十年」，對李鴻章締結《中俄密約》，出賣國家、開門揖盜的作法深表不滿。不過，對此梁啟超在傳中也同感憤慨，認為是「鑄大錯」，且「吾於此舉，不能為李鴻章恕焉矣！」在這一點上，梁、黃二人看法一致。但對李鴻章的整體評價，黃遵憲則不表贊同。有學者認為黃遵憲致梁啟超言及曾國藩傳一信，是「一篇黃遵憲與洋務派最後劃清界線的聲明書，是對洋務派思想進擊的錚錚檄文」㉘，此說大致不差。

　　以上所述，梁、黃二人在一些看法上的初始歧異，經過書信討論之後，梁啟超大都能接受黃遵憲的規勸，或改弦易幟（如保教尊孔說、革命破壞說），或中止計畫（如創辦《國學報》、撰《曾國藩傳》），或改變立場（如接受君主立憲主張）等。由此可以看出，黃遵憲對年輕的梁啟超在思想上確實產生過不小的影響。

五

　　不過，有些見解，梁、黃二人確實是走在歧異的兩條道路

上。當梁啓超接受君主立憲說後，黃遵憲的思想卻已經明顯地具有同情排滿革命、追慕民主共和的傾向，這主要見於他臨終前一月、即光緒三十一年元月十八日致梁啓超之信，這是其絕筆信，應可視爲其最後之主張，信中指出：「若論及吾黨方針，將來大局，渠意（按指熊希齡）蓋頗以革命爲不然者。然今日當道實既絕望，吾輩終不能視死不救，吾以爲當避其名而行其實，其宗旨，曰陰謀，曰柔道；其方法曰潛移，曰緩進，曰蠶食；其權術曰得寸則寸，曰避首擊尾，曰遠交近攻。」而黃遵憲《人境廬詩草》最後一首〈病中紀夢述寄梁任父〉中也提到：「人言廿世紀，無復容帝制。舉世趨大同，度勢有必至」，可見黃遵憲此時已對廢除帝制、民主共和的主張有所接受。雖然他所提出的潛移、緩進諸法，仍不脫維新改良的思維模式，但其思想確實已經有所改變。

　　黃遵憲這個思想上的轉變，在他光緒二十八年十一月一日致梁啓超信中已可看出一點端倪，他說：「棄而不可留者年也，流而不知所屆者勢也，再閱數年，嘉富洱變爲瑪志尼，吾亦不敢知也。」從溫和緩進的嘉富洱，變爲激進革命的瑪志尼，晚年見國是蝸蟧而壯心不減的黃遵憲，很難說在他心中沒有這樣的想法。即使在最後致梁啓超詩中有「我慚嘉富洱，子慕瑪志尼。與子平生願，終難償所期」的感慨，但他從溫和轉向積極，不排斥革命的思想，恰好又與梁啓超放棄革命轉向君主立憲的立場分道而馳，從這一點看，兩人對政體主張已逐漸走向思想歧路了。只可惜，黃遵憲尚未完成由改良到革命的轉變即過世，也就在黃過世的光緒三十一年，梁啓超開始與清政府中的憲政派人士交往，而《新民叢報》與《民報》的立憲與革命之戰，也即將展開。對梁

啓超而言，革命已遠，但對黃遵憲來說，革命或許才正要開始。

作為清末尋找救國良方的知識分子，梁、黃二人不管其選擇、主張，是否符合後來歷史發展的軌跡，他們汲汲追求的意志，不畏艱危的勇氣，還是值得肯定的。思想轉變，常常是因為外在條件、形勢的改變所致，面對清末這三千年來未有之變局，這些知識分子都企求能摸索出一條救國治國的大道，梁、黃二人在思想上的相互影響，相互滲透，歧異的只是不同階段的方法策略，相同的則是淑世懷抱，知己情義。這一點，兩人顯然是體會甚深，也彼此珍惜。對梁啓超思想言論常前後矛盾的現象，作為知友，黃遵憲會不客氣地批評說：「言屢易端，難於見信，人苟不信，曷貴多言！」（光緒三十年七月致啓超書）；但對梁啓超在思想道路上的猶豫、掙扎與艱辛，黃遵憲也不吝給予真誠的鼓舞：「公今年甫三十有三，年來磨折，苟深識老謀，精心毅力，隨而增長，未始非福。公學識之高，事理之明，並世無敵；若論處事，則閱歷尚淺，襄助又乏人，公齡甫三十有三，歐美名家由報館而躐居政府者所時有，公勉之矣！公勉之矣！」（光緒三十一年一月致啓超書）稱許梁啓超才學「並世無敵」，憂其「襄助乏人」，情真意切。梁啓超何其幸也，得黃遵憲一知己，而黃遵憲晚年對此一後輩的提攜鼓勵，其實也寄寓著自己許多難言之志、未竟之業。一個月後，黃遵憲即病逝，或許正因自己行將辭世，才有憂梁「襄助乏人」之語。這種知己論交的生命同調，確實令人感動。

從上海初識，湖南共事，到戊戌歷難，再到壬寅論學，黃遵憲晚年將希望寄託於梁啓超身上，而梁啓超也時相請益，對黃之教誨，感之在心，並因此有許多思想上的改變。雖然仍不免有時

會沿著兩條不同的軌跡前進，但在戊戌維新事業上，兩條軌跡曾並行不悖地疾馳，在對文學、教育、學術、政治的一些主張上，更曾經重疊或合併。但是，在梁三十三歲之齡，黃遵憲辭世，此後的人生道路，梁肯定是寂寞許多，因爲，他失去了一位良師、益友、同志與同道。「國中知君者無若我，知我者無若君」，梁、黃二人生命同調的言論與革命情感，不能不說是清末維新運動史上值得書寫的一頁佳話，而其二人在思想歧路上跋涉的身影，同樣是觀察晚清知識分子感時憂國襟抱的一個生動縮影。

——2000.5 政大文學院主辦之「中國近代文
化的解構與重建·康有爲與梁啓超」學術研討會論文

【附　註】

① 鄭海麟，《黃遵憲與近代中國》（北京：三聯書店，1988 年 6 月），頁
396。

② 見王德昭，〈黃遵憲與梁啓超〉，收入張灝等著《晚清思想》（台北：時
報出版公司，民國 69 年 6 月），頁 639。

③ 梁啓超，《戊戌政變記》（台北：台灣中華書局，民國 68 年 9 月），頁 90。

④ 正先，〈黃公度——戊戌維新運動的領袖〉，《逸經》文史半月刊第十期，
1936 年，頁 18。

⑤ 同前註，頁 19。

⑥ 同②，頁 637。

⑦ 黃遵憲與梁啓超於光緒二十八年通信頻繁，部分刊於梁啓超主辦之《清議
報》、《新民叢報》，好事者彙而存之，稱爲《壬寅論學牋》。此引自吳
天任著《黃公度先生傳稿》（香港中文大學出版，1972 年），頁 280。

⑧ 吳天任編著，《清黃公度先生遵憲年譜》（台北：台灣商務印書館，民國

74 年 7 月），頁 100。

⑨ 梁啓超，〈日本國志後序〉，收於黃遵憲著《日本國志》（台北：文海出版社，民國 70 年 1 月），頁 1004。

⑩ 引自吳天任編著《黃公度先生傳稿》，頁 596。

⑪ 見鄭子瑜、實藤惠秀編校《黃遵憲與日本友人筆談遺稿》（台北：文海出版社，民國 57 年），頁 183。

⑫ 見黃遵憲《人境廬詩草》卷八。

⑬ 梁啓超，〈夏威夷遊記〉，收於《新大陸遊記節錄》（台北：台灣中華書局，民國 46 年 11 月台一版）附錄一，頁 153。

⑭ 可參看張堂錡，〈論黃遵憲與胡適的詩歌改革態度〉，《從黃遵憲到白馬湖——近現代文學散論》，台北：正中書局，民國 85 年 7 月。

⑮ 魏仲佑，《黃遵憲與清末「詩界革命」》（台北：國立編譯館，民國 83 年 12 月），頁 277。

⑯ 梁啓超，《新民議・敘論》，《飲冰室文集》之七（台北：台灣中華書局），頁 106。

⑰ 同④，頁 20。

⑱ 梁啓超，《清代學術概論》二十六（台北：台灣商務印書館，民國 55 年 8 月），頁 88。

⑲ 原爲湖南巡撫陳寶箴上奏朝廷，請旨銷毀《孔子改制考》一書之內容，見《覺迷要錄》卷四，頁 22，轉引自王德昭〈黃遵憲與梁啓超〉一文。

⑳ 這是黃遵憲於光緒二十八年致梁啓超信中，回憶昔年在湘時一次演講的內容。因爲光緒二十七年，梁撰《南海康先生傳》，其第五章爲「宗教家之康南海」，謂康有爲「以孔教復原爲第一著手」，欲尊孔子爲教主，以敵佛耶回諸教。黃遵憲於二十八年四月與啓超信中論及此事，提起昔日在湘時的一些觀點。見吳天任《黃公度先生傳稿》，頁 256 至 259。

㉑　梁啓超，《飲冰室文集》之九，頁 59。

㉒　同⑱，頁 88-91。

㉓　見丁文江編《梁任公先生年譜長編初稿》（台北：世界書局）光緒二十八年條，頁 153。

㉔　見黃遵憲於光緒二十八年八月復梁啓超書，引自《黃公度先生傳稿》頁 255。

㉕　梁啓超，《新民說・論進步》，《飲冰室全集》之二（台北：文光圖書公司，民國 48 年 11 月），頁 14。

㉖　梁啓超，《新大陸遊記節錄》，頁 65。

㉗　梁啓超，〈政治學大家伯倫知理之學說〉，《飲冰室文集》之十三，頁 86。

㉘　盛邦和，《黃遵憲史學研究》（江蘇古籍出版社，，1987 年 10 月），頁 163。

讀張堂錡《從黃遵憲到白馬湖—近現代文學散論》

黃錦珠中正大學中文系副教授

　　在古典文學和現代文學的交界，有一塊疆界模糊、光色也不搶眼，卻位當承先啓後、轉型蛻變的樞紐地帶。那就是由晚清到民初，現在一般界定爲鴉片戰爭至五四前夕（1840-1918）的「近代文學」。這是一塊久遭忽略、漠視，甚至誤解的文學邊陲。從古典文學的立場看，它已是強弩之末，猶如夕陽西沉後，天邊的最後一抹殘霞；從現代文學的立場看，它只是濫觴細流，就像黎明天亮前，最先出現的一道微曦。夕陽與日出，都容易得到人們的讚賞，而殘霞與微曦，在黑暗與光明的邊際，因爲一閃即逝，因爲變化太快，因爲捉摸不住，因爲種種原因，結果反而引不起注意，得不到歌頌。而事實上，那才是啓蒙世界，開啓新的時空紀元的紐鍵。從另一個觀點看，近代文學也並不僅僅是殘霞或微曦，我們不應當從古典文學立場或現代文學的立場來看它，它不是古典文學或現代文學的餘光或附庸，它是中國文學蛻變轉型的

樞紐地帶，既不屬於古典，也不屬於現代，它應該擁有獨立完整的版圖和主權，擁有獨立完整的歷史地位，我們也應當還給它一塊獨立自主的領土，一個真實完整的歷史面貌。況且，唯有還給它獨立自主的版圖和主權，我們才能真正好好檢視它的成敗得失，對於它在歷史舞台上的演出，優缺利弊如何，才能給予客觀公允的評價；對於源遠流長的中國文學如何變遷、轉型，其歷史流脈如何轉向、改道，才能作準確可信的測量與圖繪。否則，歷史的真相很可能永遠沉淪在人云亦云、眾口鑠金的謬誤當中！

閱讀到本書有關黃遵憲的文章時，我感到近代文學的真實面目，終於被有心人試圖凸顯出來了。尤其是黃遵憲與胡適的比較（〈論黃遵憲與胡適的詩歌改革態度〉），應該可以撥清近現代文學之間的一些迷霧，用心的讀者不難看到，歷史的形成表面上看似「偶然」，其實一點也不偶然，其背後往往有許多不為一般人所知的深遠因緣。由於作者曾精研黃遵憲其人其詩，這個工作做來自然駕輕就熟。其後，有關「南社」的論述，在近代文學的研究領域內，亦有開疆拓土之功。對國內學者而言，由於資料取得不易，「南社」的研究可以說是鳳毛麟角，作者以其旺盛的活動力、寬廣的人脈以及辛勤的蒐羅，獲致豐富的相關資料，實為近代文學研究一大幸事，寄望將來，能看到作者的心得結晶源源不斷。

有關周氏兄弟、鄭逸梅、白馬湖等數篇文章，屬於現代文學範疇，我平日雖頗愛好，其實所知不多，在此不敢置喙。不過以一位知識粗淺的讀者身份來閱讀，倒也獲得不少新的認識與啟發。整體說來，本書九篇文章，有的是簡介、淺論，有的是深度的探討與研究，有時讀得輕鬆隨意，有時讀得正襟危坐，起初因

閱讀心情的改變幅度過大，往往得停下來稍做調整，讀完後，覺得作者文筆流利，無論短文、長論，學術性或非學術性，均一致清暢可讀，實在難能可貴，教人佩服不已。末附黃遵憲詩歌寫作年表，似乎也表明，作者除了有流暢的文筆、深入的思考外，也有紮實的考訂工夫。

　　我比作者稍早踏入近代文學的研究領域，作者卻比我走得更寬更廣，他由晚清而民初而二〇年代，由近代跨入現代。走入現代，當更能瞭解近代文學承啓、扭轉之功；走過近代，當更易釐清現代文學的源流、走向，相輔相成，未來成果正不可小覷。《從黃遵憲到白馬湖——近現代文學散論》這本書，正好展現了作者近年的研究歷程。

——《文訊》雜誌 1996 年 10 月號

讀張堂錡《清靜的熱鬧— 白馬湖作家群論》

唐翼明 政大中文系教授

　　現代文學的研究，尤其是所謂「三〇年代」部分，由於種種原因，在台灣學術界向來不是熱門領域。近年來本土文學研究蔚成大國，相形之下，這個領域就更顯得冷清了。此時此際，得讀張堂錡《清靜的熱鬧——白馬湖作家群論》，不啻空谷聞足音，令我莞然而喜；何況書又確實寫得好，非時下泛泛的論著可比，展誦之餘，乃更有不能已於言的欣然。

　　所謂「白馬湖作家群」指的是二〇年代，以浙江省上虞縣白馬湖畔的春暉中學為中心，在此任教或講學過的一群文人包括夏丏尊、朱自清、豐子愷、朱光潛、劉薰宇、劉叔琴、匡互生，以及校長經亨頤，還有與這群作家往來密切、見解相近，與春暉中學或稍後的立達學園、開明書店有種種因緣的劉大白、俞平伯、葉聖陶等人。相對於二〇年代到三〇年代，那些聲勢烜赫、旗幟鮮明、成員眾多、筆戰頻仍而激烈的文學團體和流派，例如文學

研究會、創造社、太陽社、新月社、語絲社、左翼作家聯盟、京派、海派、七月派等等，白馬湖作家群也許只能算是一個並不那麼頭角崢嶸的小群體、次流派，因此一般的文學史都不把它作為一個團體或流派來論述。加之現代文學的發展越來越以小說為主要樣式，而白馬湖作家群的作品卻以散文與詩為主，於是就益發為研究者所忽視，成了一種「被遺忘的存在」了。

但這確實是不應該的。這群作家在中國現代文學形成的早期所作的貢獻不可磨滅，尤其是他們在現代散文這個文類上的成就更是有目共睹。朱自清的抒情散文、朱光潛的說理散文、豐子愷的閒適幽默散文，至今還是各該類型中的典範。這群作家的作品在各類的面目下有著顯而易見的一致的審美情趣與文學風格，而這情趣與風格正是他們在白馬湖時期通過相互切磋、相互影響而形成的，且與他們的人生追求、教育理想、人格修養互為表裡。那麼，把他們的交往與他們的文學實踐作為一個群體來研究，來探討顯然不僅是可以的，而且是必要的。這樣的研探有助於：一、為現代散文發展史填補空白；二、為現代散文文類的探研提供一個集體性的實驗樣本；三、為地域與文風關係的探研提供一個典型實例；四、為文學流派研究提供一個非／外主流的參照系。以上四點正是作者在該書〈緒論〉中提出的寫作抱負，我以為作者在相當程度上已經達成了上述目標。

除此之外，我特別想指出的是，本書的研究已經超越了作家作品的傳統範疇，而為研究中國近代知識分子，提供了一個很好的範例。作者以將近全書一半的篇幅在三、四、五、六等四章中詳細論述了「白馬湖作家群」的文人型態、民間性格、崗位意識、教育理念，這不僅為我們理解這一群作家的作品及其審美理

想提供了實在的基礎，更為我們理解這一群有現代意識的知識分子的全人，他們的抱負與事業，他們的人格與文風，他們在時代浪潮中的搏擊、奮鬥、希望與失望提供了詳細的事實與線索。所以，本書不但是「白馬湖『作家』群論」，也是「白馬湖『知識分子』群論」，它畫出了在中國社會轉型期中一部分知識分子的群像，而且作了相當深度的分析，作者在分析中旁徵博引，顯示了廣闊的視野。

　　我尤其喜歡第五章對「白馬湖作家群」的崗位意識的論述。作者借用大陸學者陳思和的觀點，認為在由傳統士大夫向現代知識型轉化過程中的二十世紀中國知識分子有三種價值取向：一、失落了的古典廟堂意識；二、虛擬的現代廣場意識；三、還原自我的知識分子的崗位意識，其中只有第三種是合時的、現實可行的，而白馬湖作家們正是堅守崗位——教育與出版——的典型。作者在大段的論述與舉證後總結說：「從二十世紀知識分子走過的實際道路來看，廟堂很難走通，廣場只是『實擬虛境』，其實並不存在，知識分子唯一能守住的是自己的專業學術崗位，也就是在價值取向上，必須接受由政治文化中心向『邊緣化』轉移的現實，同時也必須放棄不切實際的激情，回到自己的工作崗位上。」（頁126）「只要守住一個知識分子的崗位，不要被『大廣場』的假象所惑，是可以擁有一個不離人文本位的『小廣場』的。」（頁128）這裏不僅有冷靜的觀察與分析，顯然更有作者對世事的積極思索與人生理想的熱切寄託。在我看來，這一節主觀感情色彩頗強烈的議論正是本書精彩的發光點。學術研究也是人的精神結晶，焉能不帶感情？誰說學術研究（尤其是人文科學）一定要冷冰冰地「客觀」、「超然」？

　　限於篇幅，以上僅略述我對此書的粗略觀感，至於取材之豐富，結構之勻稱，語言之暢達，猶其餘事。作者才三十多歲，編《中央日報》副刊多年，目前任教於政大中文系，已出版散文集《舊時月色》（三民，八十八年）、小說散文合集《讓花開在妳窗前》（幼獅，八十三年）、人物報導集《生命風景》（三民，八十九年）、《域外知音》（三民，八十五年）、學術隨筆《從黃遵憲到白馬湖》（正中，八十五年）、《文學靈魂的閱讀》（三民，八十七年）等多種。本書是作者於去年完成的博士論文，曾獲得今年的中興文藝獎。作者尚年輕而學養之深廣如此，誠迥出於同輩；更燦爛的學術前景，必可期於不久之將來。

——《文訊》雜誌 2000 年 8 月號

張堂錡作品出版編目

一、專著

1991　《黃遵憲及其詩研究》（台師大碩士論文）　文史哲出版社

1993　《智慧的光穿越千年》（勵志小品）　　　中央日報社

1994　《讓花開在妳窗前》　（小說、散文合集）幼獅出版公司

1996　《從黃遵憲到白馬湖：近現代文學散論》　正中書局

1996　《域外知音》　　　　（人物報導）　　　三民書局

1998　《文學靈魂的閱讀》　（論述）　　　　　三民書局

1999　《清淨的熱鬧：白馬湖作家群論》（東吳大學博士論文）

東大圖書公司

1999　《舊時月色》　　　　（散文）　　　　　三民書局

2000　《生命風景》　　　　（人物報導）　　　三民書局

2002　《編輯學實用教程》　　　　　　　　　　業強出版社

2002　《現代小說概論》　　　　　　　　　　　業強出版社

2002　《跨越邊界：現代中文文學研究論叢》　　文史哲出版社

二、合著

1997	《現代文學》	空中大學出版部
2000	《文學創作與欣賞》	空中大學出版部
2001	《台灣文學》	萬卷樓圖書公司
2002	《中國現代文學概論》	業強出版社

三、主編

1994	《中學課本上的作家》	幼獅出版公司
1995	《拿到博士的那一天》	幼獅出版公司
1997	《印象大師》	業強出版社
1998	《現代文學名家的第二代》	業強出版社
2001	《大學短篇小說選》	業強出版社
2002	《中國現代文學名家傳記叢書》（十本）	文史哲出版社

國家圖書館出版品預行編目資料

跨越邊界：現代中文文學研究論叢 / 張堂錡著
. -- 初版. -- 臺北市 :文史哲,民 91
面； 公分. -- (現代文學研究叢刊 ; 9)
含參考書目
ISBN 957-549-434 -2 (平裝)

1.中國文學 – 現代（1900-　　）- 論文,講詞等

820.908　　　　　　　　　　　　　91007431

現代文學研究叢刊　⑨

跨越邊界：現代中文文學研究論叢

著　者：張　　　堂　　　錡
出版者：文　史　哲　出　版　社
http://www.lapen.com.tw
登記證字號：行政院新聞局版臺業字五三三七號
發行人：彭　　　正　　　雄
發行所：文　史　哲　出　版　社
印刷者：文　史　哲　出　版　社
臺北市羅斯福路一段七十二巷四號
郵政劃撥帳號：一六一八○一七五
電話 886-2-23511028・傳真 886-2-23965656

實價新臺幣 三四○元

中華民國九十一年 (2002) 五月初版